BASTEI
LÜBBE

Von Walter Henkels
sind außerdem in unserem Verlag erschienen:

---

10 591 Adenauers gesammelte Bosheiten
10 796 Der Kanzler hat die Stirn gerunzelt
10 986 Die leisen Diener ihrer Herren

Walter Henkels

Alltag in Trizonesien

BASTEI LÜBBE

BASTEI-LÜBBE-TASCHENBUCH
Band 11 330

Lizenzausgabe: Gustav Lübbe Verlag GmbH, Bergisch Gladbach
Printed in West Germany, November 1988
Einbandgestaltung: Roland Winkler
Titelfoto: Theo Felten/Verkehrsamt der Stadt Köln
Satz: Kremer-Druck-Hartegasse GmbH, Lindlar
Druck und Bindung: Ebner Ulm
ISBN 3-404-11330-6

Inhalt

Wovon die Rede ist

Fünf Jahre werden hier beschrieben, die Zeit zwischen Kriegsende und Verkündung des Grundgesetzes, von 1945 bis 1949. Deutschland (West) war die amerikanische, britische und französische Besatzungszone, das deutsche Restterritorium, später die Trizone genannt. Berlin war eingeschlossen, so und so. Die Beschaffenheit der Kölner Karnevalsdichter sorgte dafür, daß wir zu jener Zeit einen der gängigsten Karnevalsschlager bekamen: »Wir sind die Eingeborenen von Trizonesien ...« Nur ein paar Stichworte des damaligen Vokabulars kommen möglicherweise noch in die Erinnerung, die die Scheußlichkeit und Ruchlosigkeit jener Jahre wieder gegenwärtig machen: Kungeln, Trümmer, Chesterfield, Plenny, das heißt Kriegsgefangene, Schlange-Schöningen, Demontage, Kompensation, Entnazifizierung, Persilscheine, Kalorien, Hunderödeme, Fräuleins, Hühnermais.

Graue Töne und schrille Klänge trafen damals Ohr und Auge. Neue Erscheinungen und Eindrücke bemächtigten sich der Sinne. So fragwürdig wie der äußere war der innere Zustand der Überlebenden geworden. Die Welt war nicht mehr die Welt, so wie der Mensch nicht mehr der Mensch war. Wir waren die Eingeborenen von Trizonesien.

In der dubiosen politischen Landschaft jener Jahre

geschah nicht viel, aber einiges. In Köln wurde ein Mann namens Konrad Adenauer zum Oberbürgermeister bestellt, aber bald wegen Unfähigkeit wieder entlassen. Unfähig war in München auch der bayerische Wirtschaftsminister Ludwig Erhard, wie die amerikanischen Besatzer sagten. In der Hauptstadt des rheinisch-westfälischen Kohlenpotts, in Essen, löste ein gewisser Gustav Heinemann, ein »Bürgerlicher« und Angehöriger der Partei des Dr. Adenauer, einen Kommunisten namens Heinz Renner als Oberbürgermeister ab. In Heidelberg, wo er in einer Dachkammer hockte, bekam ein Theodor Heuss, bevor man ihn zum Kultminister des Landes bestellte, eine Lizenz zur Herausgabe einer Zeitung. In Berlin tauchte ein junger Mann namens Willy Brandt auf, der sich dort als Presseattaché der norwegischen Militärmission etablierte. Und im Württembergischen mußte sich der Rechtsanwalt Kurt Georg Kiesinger »entnazifizieren« lassen, ein einstiger dienstverpflichteter wissenschaftlicher Hilfsarbeiter des Berliner Auswärtigen Amtes, der als »entlastet« eingestuft wurde. Ein Jahrzehnt später standen all ihre Namen von Adenauer bis Kiesinger auf den Ruhmestafeln der Bundesrepublik.

Was es nicht alles gab! Es war etwas Bildschönes, was die Militärregierungen, die Besatzer, mit ihrer »Entnazifizierung« veranstalteten. Sie hatten entwaffnend naive, ja kindische Vorstellungen von »Nazis«. Sie versuchten, mit Fragebogen eine versäumte Revolution nachzuholen, und übertrugen das den Deutschen, die dann bisweilen etwas den wilden Mann spielten. Die Deutschen ihrerseits, das ergab sich bald, waren in einem tüchtig: im Vergessen. Sie standen vor dem Nichts, die Katastrophe war total. Auf einem Ohr waren sie gelehrig, auf dem anderen taub. Der Einbildungskraft der Besatzer gelang zunächst die Feststellung, den Deutschen müsse eine exemplarische Hungerkur verordnet werden.

In jenen Jahren, als ich aus der Kriegsgefangenschaft zurückgekommen war – bei einer Körpergröße von 1,84 Meter und 53,5 Kilogramm Lebendgewicht –, bin ich durch die Lande gereist und versuchte, einiges von dem aufzuschreiben, was die Zeiten hergaben. Ich war einer der ersten deutschen Journalisten, die wieder schreiben durften und das mit einem Zertifikat bestätigt bekamen. Aber so rar wie Zeitungsschreiber, so rar waren Zeitungen.

Für kurze Zeit legten mir zwar die Amerikaner ein Schreibverbot auf, weil ich etwas kräftig vom Baume der neugewonnenen Pressefreiheit gegessen hatte, aber Richard Tüngel und Ernst Friedländer von der Hamburger Wochenzeitung »Die Zeit« in Hannover, für die ich geschrieben hatte, paukten mich wieder heraus. Was ich darzustellen versuchte: Niemals mehr sollte die Welt am deutschen Wesen genesen. Denn das, was wir an Scheußlichem vollbracht hatten, ließ den Verdacht offen, hier könne sich womöglich einiges wiederholen. Mein Standort war ganz unten.

Ich schrieb Impressionen, Reflexe von Erscheinungen, Augenblicksaufnahmen, wie sie das Leben damals darzubieten sich beehrte. Manchmal tat ich etwas Ironie hinzu, soweit das die Besatzer erlaubten, niemals aber Pfeffer, das stand uns noch nicht zu.

Nicht ohne Mißmut war die Szenerie in den drei westlichen Besatzungszonen zu betrachten. In die »Ostzone«, nämlich die sowjetisch besetzte Zone, wagte sich noch niemand. Flüchtige Aufenthaltsorte waren damals für mich Augsburg und Hamburg, Stuttgart und Aachen, Heidelberg, Köln und Marburg, das

Ruhrrevier und Rhein und Mosel, der Hürtgenwald und die Dörfer am Niederrhein, wo das letzte Rüchlein Frühling vor die Hunde gegangen war, denn man sammelte die Gebeine der toten Soldaten. Ich stand in Berlin auf den Trümmern der Reichskanzlei, wo Hitler sich als Benzinwölkchen empfohlen hatte. Aufs Land trug ich meinen Zylinder, die letzte bürgerliche Klamotte, das Schaukelpferd meiner Kinder, Solinger Stahlwaren und bekam dafür im Wege der Kompensation Kartoffeln und ein paar Kohlköpfe für die hungrigen Mäuler daheim. Jahrzehnte im nachhinein beeide ich noch, nie ein Care-Paket erhalten zu haben; die kamen aus Amerika von der Cooperative for American Remittances to Everywhere, der Vereinigung der Organisation von Hilfssendungen an die unter den Kriegsfolgen notleidende Bevölkerung in Europa.

In diesem Buch ist nicht von Ziffern und Zahlen die Rede, auch nicht von Prozenten, selten von Schwarzmarktpreisen. Aber jetzt, vier Jahrzehnte nach der großen Hungerkur, die wir durchstanden – unterm Sternbild zunächst der Fettleibigkeit, später der Punktdiät, in Erinnerung an die sechziger Jahre mit dem breiten Geschwätz vom Hast-du-was-dann-bist-du-Was, an die Wohlstandskur Erhardscher, Schillerscher, Lambsdorffscher und Bangemannscher Observanz, an die soziale Marktwirtschaft und die formierte Gesellschaft des einen bis zur konzertierten Aktion und den flankierenden Maßnahmen des anderen, an die Maßhalteappelle und die Rufe Schillers an Gewerkschaften und Unternehmer: Laßt die Tassen im Schrank!, an die Epoche des deutschen Knaben Wirtschaftswunderhorn, der Wohlstands- und Wegwerfgesellschaft – sollten wir diese spannenden Zahlen aus der Bundesrepublik lesen, mir mitgeteilt am Jahresbeginn 1986 vom Bundeswirtschaftsministerium. Wir wollen dabei den Ruhm aller Bundesregierungen nicht unter den Tisch fallen lassen; die Leistungen dieser Bundesrepublik können sich sehen lassen.

	1950	1960	1970	1980	1984
Volkseinkommen (Mrd. DM)	75,2	229,8	530,4	1149,4	1340,7
Kraftfahrzeugbestand (in Mill.) Stand 1. 7. 1985	2	8	18	29	31
Bruttosozialprodukt in jeweiligen Preisen (Mrd. DM)	97,9	269,8	675,7	1485,7	1750
Volkseinkommen je Einwohner (DM)	1602	4146	8745	18669	21946
Spareinlagenbestand (Mrd. DM)	4	53	189,9	463,6	546,4
Zigarettenverbrauch (Mrd. Stück)	22,7	71	117,9	127,1	117,7
Aufwendungen für öffentliche Sozialleistungen insgesamt (Mrd. DM)	12,4	41,2	168,6	454	526,9
Aufwendungen der gesetzlichen Krankenversicherung (Mrd. DM)	2,3	9,6	26,1	90,1	108,9

Beeindruckend sind sie schon, die angegebenen Zahlen, vor allen Dingen dann, wenn man sich erinnert, wie alles angefangen hat vor dem Anfang, dem 23. Mai 1949, dem Tag des Zusammenschlusses west- und süddeutscher Länder, als ein »Bundesstaat« für eine »Übergangszeit« errichtet wurde, und lange vor dem 5. Mai 1955, als die Bundesrepublik Deutschland die Stellung eines souveränen Staates erhielt.

Die damals geschriebenen Reportagen sind hier als Dokumente festgehalten. Meine Enkel sollen noch erfahren, wie es war.

W. H.

Die Folgen des Wahnsinns

Die Nacht im Camp

Kriegsgefangener

Es ist der Augenblick gekommen, wo Wittke hustet. Nach meiner Schätzung ist es kurz vor Mitternacht. Mit seinem Husten gibt er das Zeichen zum Seitenwechsel; dann müssen wir uns wie in der Sardinenbüchse von der rechten auf die linke Seite drehen. Wir liegen wie ein Sortiment silberner Löffel in einem Etui. Eine gewisse Ökonomie des Schlafens ist natürlich notwendig. Die Beziehungen zwischen Schlafen und Liegen wurden klargestellt, als der rigorose Stichtenoth erklärte, so ginge das nicht weiter, er verbitte sich das eigenmächtige Herumdrehen während des Schlafens. Wir haben uns alle durchgelegen, unsere Hüftknochen sind wund, denn der harte Lehmboden, nur von der Zeltplane überdeckt, ist natürlich keine Schlaraffiamatratze.

Stichtenoth schnarcht, Hans Schmitz schnarcht, auch Jupp Pohl schnarcht. Stichtenoths Schnarchen klingt wie eine alte Posaune. Auch das Schnarchen geschieht gewissermaßen im Kollektiv. Man kann sich nicht denken, daß die Schnarcher im Leben friedliche Menschen sind, beispielsweise Stichtenoth.

Neben mir liegt Rudi Overbeck, im württembergischen Urach zu Hause. Er hat einen unheimlich gesunden Schlaf, und es wird sein, daß seine Träume zu Fräulein Kofka segeln, zu diesem Fräulein Kofka, das aussieht wie ein Gedicht, wir wissen es nun. Er läßt sich bereitwillig von dieser verwegenen Träumerei entführen, das sagt er ganz offen. Es ist in dem Augenblick, als Wittke hustet, so: Die Posaune bricht ab, und Overbeck sagt überraschend, er sei einverstanden.

Er spricht zweifellos wieder im Schlaf, der kleine Overbeck. Oder es ist jener Zustand zwischen Schlafen und Wachsein, der einen so schnell hellsichtig machen kann. Er richtet sich von seinem Lager auf und ruft Wittke beim Namen. Sie müssen beide mal hinaus, der Tee von gestern abend tut seine Wirkung. Zur Latrinenstange, zum »Donnerbalken«, geht's den Hügel hinunter. Gestern hat Stichtenoth endlich das Dienstsiegel seiner Kompanie in die Latrine geschmissen. Es wurde zu gefährlich.

Ich liege hellwach mit offenen Augen und höre die beiden davonschlurfen. Durch den Zeltschlitz schießt das Licht vom Wachtturm herein. Ein Jeep holpert draußen. Es wird die Ablösung sein.

Wittke und Overbeck kommen wieder. Sie sprechen leise. Als sie durch den Zeltschlitz hereinkriechen, stehen ihre Gestalten wie dunkle Scherenschnitte im Licht der Bogenlampen.

Overbeck, ich höre es deutlich, klagt wieder über seinen Stuhl. Seit nunmehr acht Tagen könne er nicht mehr. Morgen, flüstert Wittke, soll er zum Revier gehen, und wenn er diese gelben Kügelchen fresse, dann solle er sehen, das helfe.

Nun veranstalten die beiden auf Overbecks Platz ein heimliches Suchen. Es bleibt in der Dunkelheit verborgen, was sie suchen und planen. Ich sehe durch die halbgeöffneten Lider ihre dunklen Gestalten. Sie denken wohl, auch ich schlafe. Meine Bewegung auf meinem Schlafplatz sollte ganz zufällig erscheinen. Unablässig sucht Overbeck in seinen Sachen Es ist ein rätselhaftes Getue. Nun, als ich mich bewegt habe, fragt er leise: »Schläfst du?«

»Nein«, sage ich etwas gestelzt, »mitnichten.«

»Los, komm her, Erich dreht eine!« flüstert er mit unverhohlener Gönnerhaftigkeit.

Solche Bemerkungen reißen jeden Menschen aus Schlaf und Lethargie. Denn es ist kein Geheimnis geblieben, daß der Nichtraucher Overbeck noch ein paar Kippen verborgen hält, die ihm ein Landsmann von der einundvierzigsten Kompanie vor Tagen geschenkt hat. Es sind Chesterfield-Kippen. Chesterfield sind großartig, das wird niemand bestreiten.

Es ist erstaunlich, daß Stichtenoth nicht wach wird. Der würde glatt drei Scheiben Brot für eine einzige Kippe geben. Eine solche Bemerkung, nur flüsternd gesprochen, läßt Stichtenoth sonst hochfahren wie ein Pferd, das die Trompete hört.

Ich krieche, von Gier getrieben, von meiner Lagerstatt. Ich will ein paar tiefe Lungenzüge tun. Erich Wittke hockt am Eingang, das Licht der Bogenlampe nützend. Irgendwo in seinem Rucksack hat er ein Stückchen Zeitungspapier aufgetrieben.

»Ihr seid vielleicht Brüder!« sagt Overbeck gönnerhaft.

Wie das schon wohltut, zuschauen zu dürfen, wenn einer eine Zigarette dreht! Wieviel menschliche Wärme die freiwillige Hergabe einer Zigarettenkippe doch mit sich bringt! Ich erschrecke vor Glück. Eine innere Heiterkeit wird entzündet, Einverständnis, eine selige Torheit, ein magischer Taumel, ein lebendiger Strom von Mensch zu Mensch bricht auf. Ich weiß nicht, ist es das unkontrollierbare, reizbare Tier in mir, das einem dieses heiße Begehren, diese Sucht nach dem Tabak, in den Körper treibt, oder was sonst?

Ob sein Feuerzeug getankt sei, frage ich Wittke.

Ja, der Neger von Küche zwei habe ihn gestern am Brotwagen tanken lassen.

Es ist schon nach Mitternacht. Overbeck will flüsternd ein Gespräch in Gang bringen über den fetten Oberzahlmeister von Küche zwei, der die Essensausgabe überwacht. Er spricht von dreifachen Portionen, die dieser Herr fresse.

»Darüber«, sagte ich, »werden wir morgen sprechen.«

Wittke kriecht unter die Decke, ich bemerke das aufflackernde Feuerzeug, und nun kommt er hervor. Er zieht hörbar drei- oder viermal. Dann reicht er mir die Zigarette. Ich zittere an den Händen, als ich sie nehme. Nie in den begierigsten Zeiten meines Lebens habe ich diese Zeremonie so beglückt gefühlt. Auch ich ziehe tief, zweimal, dreimal, und schon legt sich ein betäubender Schleier von Benommenheit um meine Sinne, dunkles Gewölk schlägt über mir zusammen. Mir ist nicht gut. Ich kann es nicht mehr vertragen. Das Rauchen verwirrt mich. Nur gut, daß es Nacht ist.

Plötzlich fahren wir auf. Etwas Dunkles kriecht heran. Es ist Stichtenoth. Der Rauch der Chesterfield hat ihn aus dem Schlaf geholt.

»So, so«, sagt er, halb unterwürfig, halb zurechtweisend, vielleicht liegt auch etwas Hohn darin, uns ertappt zu haben. »Gebt mal einen Zug her.« Ihm sitzt die Gier schon in der Sprache.

Es ist uns nicht recht, daß auch er nun an dieser mitternächtlichen Feier teilnehmen will. Wittke gibt ihm die Zigarette.

Nun sind auch Schmitz und Pohl, selbst der sonst wie ein Dachs schlafende Hebestreit wach geworden. Unerhört sei alles, sagen sie, und wir möchten endlich die Schnauze halten mitten in der Nacht, und es sei wohl nicht unbillig, wenn sie verlangten, daß wir uns nach einem anderen Quartier umsähen, und sie wünschten nur, daß der Posten es bemerke.

»Waren das die Kippen von dir?« fragt Pohl den armen Rudi Overbeck vorwurfsvoll und drohend.

Allerdings wären sie das gewesen, allerdings, mein Herr!

In die nächtliche Stunde dringt mit einem Male der grollende Atem der Feindschaft, des Bösen. Lastend und dumpf liegt er über uns. Gab es denn nicht Leute, die so gern von Kameradschaft sprachen, die das Wort Kamerad immer fleißig im Munde führten? Jawohl, es gab welche.

Mich fröstelt.

Wir kriechen auf unser Lager. Wieder fährt ein Jeep am Stacheldraht vorbei. Wir haben uns auf die andere Seite gelegt, Löffel neben Löffel, Sardine neben Sardine, dicht bei dicht. Die Wärme muß erhalten bleiben.

Im Westen, über Heilbronn, liegt der Mond unvorschriftsmäßig auf dem Rücken. Der Kosmos strahlt weit und fremd und fern und kalt. Eine Woche lang war auch ich nicht auf dem »Donnerbalken« zur Darmentleerung, zum »Hordenschiß«, wie Grass das viele Jahre später in seinem »Butt« nannte. Mit einem Draht gelang es mir heute, aus dem After ein sehr hartes Stück Kot herauszupulen. Wir bekommen täglich zwei Scheiben Weißbrot; eine dritte wird mit der Rasierklinge geteilt, zu viert.

In einer Nachbarkompanie liegt der kleine Leutnant Hermann Höcherl, ein Bayer aus der Regensburger Gegend. Wir waren zusammen in Nordfinnland; er führte eine Werferbatterie. Er wurde nicht so früh entlassen wie andere; ein seinem Soldbuch stand sein Beruf: Staatsanwalt. Und wieder woanders der Leutnant Max Adenauer, ob er mit dem Kölner Oberbürgermeister zu tun habe, von dem in der Lagerzeitung, der »Frankfurter Rundschau«, stand, den hätten die Amis wieder eingesetzt. Der lange Dürre sagte: »Er ist mein Vater.«

Hebestreit war als Zivilist ins Camp gekommen, mit Joppe und Hut; er sei, sagte er, von der Heeresflak. Tagelang lag er in der Sonne und fummelte mit einem Brennglas, um die Narbe unterm linken Oberarm wegzubrennen. Es gab eine Entzündung, und im Revier wurde er identifiziert. Nie mehr hörten wir von ihm.

Ein Oberfeldmeister vom Arbeitsdienst hat einem Nachbar ein Paar Socken entwendet, Kameradendiebstahl. Kriegsgerichtsräte beraten. Urteil, wahrhaftig: Zehn Stockschläge aufs Gesäß.

Ein Leutnant des Heeres, auf dem linken Oberarm der Uniform zwei Panzervernichtungsabzeichen, trägt plötzlich als Halsgehänge das Ritterkreuz. Einer hat genau hingeschaut: Es ist das Eiserne Kreuz zweiter Klasse. Kriegsgerichtsräte beraten: Der Mann hat keinen Beweis für die Verleihung. Urteil: Zwei Wochen »Bunker«. Es wird ein Einmannloch gebuddelt, nicht weit vom Donnerbalken. Ein Stacheldrahtgeflecht über dem Bunker läßt dem Häftling wenigstens etwas schwäbische Landluft.

Das Camp schläft.

Schläft dumpf wie ein Tier. Camp 9A, fünftausendvierhundert Offiziere der Deutschen Wehrmacht. Es ist Ende Mai 1945.

Sechs Jahre Soldat, vier Monate davon als Kriegsgefangener hinter Stacheldraht – eine der Haupterfahrungen meines Lebens.

Die Stadt mit der scharfen Essenz

Wiedersehen mit der Berolina

Berlin ist nicht mehr Berlin, wie wollte es auch. Berlin ist eine Insel. Aber trotz aller sichtbaren und unsichtbaren Mächte, die in seiner Stadt wirken, ist der Berliner immer noch Berliner.

Berlin war nie Wien, nie Paris, nie London. Berlin war aber auch nie Potsdam. Berlin war nie eine preußische Stadt, Berlin war eine deutsche Stadt. Berlin ist keine liberalistische Stadt, aber Berlin ist eine liberale Stadt, in dem guten Sinne der Libertas, der römischen Göttin der Freiheit. Berlin ist eine freie Stadt, trotz aller Unfreiheit in ihr, trotz Schuld und Wirrnis, die auf ihr lasten. Berlin ist eine vielgescholtene, vielgelästerte, vielgeliebte, aber auch vielbewunderte Stadt. Es läßt sich nicht leugnen: Berlin ist ein verwirrendes, bestürzendes, ein verblüffendes, schnoddriges, ironisches, ein arbeits- und genußgieriges Wesen, von einer scharfen, beißenden Essenz. Berlin ist nicht das Forum Deutschlands oder Europas, Berlin ist das Forum der Welt. Berlin ist nicht nur eine Insel. Berlin ist nicht nur Podium für mancherlei Deklamationen. Berlin – es läßt sich nicht verheimlichen – ist auch Barrikade. Berlin ist »Brückenkopf zwischen Ost und West«. Hier tobt seit kurzem ein harter »Nervenkrieg«. »Die Schlacht um Berlin« apostrophierte die »Tägliche Rundschau«, das Organ der SMA, den Berliner Wirbel.

Die Geräuschkulisse ist beträchtlich, die Dissonanzen nicht minder.

Berlin ist nie von der Provinz geliebt worden. Berlin wurde nur von den Berlinern geliebt. Aber Berlin wurde respektiert. Berlin ist nie ein Produkt des Herzens, sondern des Intellekts gewesen. Aus südlichen Breiten kam vor einigen Monaten jene Schmähung, die von den Wildsäuen sprach, die sich einst auf märkischem Sand ihre Hintern an den Föhren rieben. Es war nicht gerade eine bezaubernde Formulierung, die man für die brave Berolina fand. Wollte man sie schon ganz und gar abschreiben?

Berlin eine Barrikade? Ja.

Nicht nur Politiker stehen diesseits und jenseits der Barrikade, nicht nur ein temperamentvoller, angriffslustiger, furchtloser Journalismus, bei dem jede Schlagzeile schon ein Revolverschuß oder ein Keulenschlag ist, sondern das ganze Berlin. Hinter den Barrikaden stehen unsichtbare, aber weiß Gott keine anonymen Mächte. Das Gentlemen's Agreement zwischen den vier Mächten ist stark durchlöchert. Berlin ist die Stadt der großen Fragezeichen, die Szenerie der großen Fragwürdigkeiten. Berlin ist, für uns aus den Westzonen, eine Legende. Aber Berlin ist doch eine Realität.

Dem schnellen Blick erschließt sich eine solche Stadt nicht, selbst wenn er geschult ist, Ereignisse und Zustände zu fixieren. Eine Reise aus den westlichen Zonen nach Berlin ist zwar kein Abenteuer, wie viele glauben machen möchten, aber ein Ereignis. Sie ist, wenn ein wenig opportunes Bild erlaubt ist, eine Reise an die Front.

Da wären wir nun. Am Mantel fehlt ein Knopf; Schuhe und Hosenbeine könnten glauben machen, man komme von einer Hamsterfahrt über Land. Der Dreck der Grenzstation Marienborn, wo man zwei Stunden im Regen auf dem aufgeweichten Bahnsteig auf das Abstempeln des Interzonenpasses warten mußte, ziert den Interzonenreisenden. Die Ausgänge am Bahnhof Zoo sind dicht belagert von Menschen, die einen Verwandten oder Bekannten aus einer anderen Welt erwarten. Aus einer anderen Welt? Ja, der Westen Deutschlands, die westlichen Zonen sind für die Berliner das, wie es Weyla singt: Du bist Orplid, mein Land, das ferner leuchtet! Es nützt nichts, wenn man sagt, man komme aus der rheinischen Hungerprovinz, man solle sich nicht täuschen. Sie sagen: Ihr seid zu beneiden! Warum sind wir zu beneiden?

»Stella!«, »Salve!«, »Schokolade!«, »Silber!«, »Zwiebel!« Mit diesen kaum unterdrückten Rufen macht der Chorus der Schwarzhändler vor dem Bahnhof Zoo dem Ankommenden das erste Angebot. »Stella« und »Salve« sind jene beiden Zigarettenmarken, die die Russen aus politischen Gründen auf den Markt gebracht haben, »Made in Dresden«, 2,50 Mark das Stück, beide vom Geschmack her ausgezeichnete Zigaretten.

Erster Gang um die Ruine der Gedächtniskirche, Tauentzienstraße, Kantstraße, Kurfürstendamm. Suche des vom Zimmernachweis vermittelten Quartiers, Kraxeln über Geröllhaufen, Hinterhof, Grabesschlucht, zwei Treppen in der Dunkelheit. Momentan, von 18 bis 20 Uhr, ist Stromsperre. »Freiherr von ...«

heißt der Pensionswirt, der aussieht wie Hamlet im Frack. In der Nacht stürmt es. Es heult unheimlich durch die Ruinen. Steine poltern auf das Zimmerdach, dessen Decke mit Pappe vernagelt ist. »Wollen Sie Muckefuck oder Bohnenkaffee?« fragte Hamlet in der Frühe, nun im Pyjama.

Ku'damm bei Tage, Ku'damm am Nachmittag! Olala! Eine ganze Portion Eleganz ist zu sehen, schäbige Eleganz und billige Eleganz, gelegentlich auch teure. Ecke Joachimsthaler und Augsburger Straße: Kokotten im Pelz, Kokotten in billigen Mänteln aus Militärdekken. Viel traurige Proletarität. »Junger Mann?« heißt ihre Offerte und »Oller Dussel!« der juristisch formulierte Spruch für das abgelehnte Geschäft.

Antiquitätenläden mit ausverkauftem Bürgertum, 26 zähle ich auf dem Ku'damm, Parfümerien, Modesalons, hübsche, tadellos renovierte Restaurants, »Bar«, »Grill«; mit Namen, die nach Übersee weisen. Alles inmitten der Ruinen. Man kann auf Marken essen, natürlich. Aber wer auf Marken ißt, zählt nicht. Schwarzessen (Fleischgerichte) von 50 Mark an aufwärts. Eine Portion Gans 150 Mark, ferner: Hummer, Fasan, Schweinebraten, Prager Schinken, Kalbsleber, Reh- und Hasenbraten. Ein Stück Schokoladetorte 18 Mark, ein Stück Buttercremetorte 25 Mark, 8prozentiges Starkbier (0,25 Liter) 3 Mark, Aquavit 8 bis 10 Mark, echter französischer Cognac und Liköre 12 bis 15 Mark.

Nach Aufzählung dieser Speisenkarte mag sich des Lesers eine gewisse Ratlosigkeit bemächtigen, aber es sei ihm gesagt, daß die Richtigkeit vom Berichterstatter verbürgt wird. Und mag es nun zum Zorn, zum Klassenhaß oder zum öffentlichen Ärgernis reizen, mag es wehmütige Erinnerungen oder ironische Monologe auslösen oder was auch sonst – der Berichterstatter hat es aus erster Hand. Es bleibt uns, darüber nachzudenken, ob das das Berlin von heute ist. Es ist Berlin natürlich nicht!

Tantalus, Totalaufnahmen, Trümmerfrauen

Tantalus, König von Phrygien, mußte zur Strafe hungern und dursten, indem der Fluß, in dem er bis an das Kinn stand, wie auch der Baum, dessen Früchte ihm vor dem Munde hingen, vor ihm flohen, wenn er versuchte, etwas zu genießen. Das ist die Lage der Berliner, wenn sie vor solchen lukullischen Märchendingen stehen. Der Berliner hat nämlich kein Geld mehr. Der Berliner ist viel ärmer als wir in den Westzonen, obwohl, was glaubhaft erzählt wird, 80 Prozent aller Berliner »schieben«. Er schiebt, aber er wird auch geschoben. Seine philosophische Meinung ist die, daß der, der nicht schiebt und sich schieben läßt, ein armer Tropf ist. Aber diese Philosophie dürfte keine speziell Berliner Philosophie sein.

Inmitten dieses ausgebrannten und ausgeglühten Stadtwesens, inmitten dieser Trümmerwelt, die im Berliner Westen besonders anschaulich und illustrativ ist, weil dort die letzten Kämpfe um die Stadt besonders hart waren, wird etwas Unsichtbares sichtbar: der Wille nämlich, aufzuräumen. So lähmend die Ruinenstümpfe in manchen Stadtteilen sind, so niederschmetternd die Totalaufnahmen dieser Stadt sein mögen, hier ist mit einer Systematik und Planmäßigkeit an die Schuttberge herangegangen worden, die manchem westlichen Stadtoberhaupt blassen Neid abnötigen muß. So widersinnig es klingen mag, aber es ist ein eindeutiger Tatbestand: Berlin ist eine der saubersten, aufgeräumtesten Städte. Zehntausende von Trümmerfrauen, die zum Stadtbild gehören wie einst zum Wedding die Zillefigur, zur Stadtmitte der Eckensteher Nante, sind, wenn man es rein optisch betrachtet, die Wiederaufbauer von Berlin. Wir sahen sechzigjährige Großmütter und achtzehnjährige Mädchen. Wir sahen sie Ziegelsteine säubern, Schaufel und Spitzhacke schwingen und Rollwagen mit Schutt schieben. Lebensmittelkarte 2 ist das, was sie zur freiwilligen Arbeit melden läßt.

Natürlich, auch Berlin plant. Welche Stadt hätte nicht einen Stab von Städtebauern eingespannt, die ganze Generationen vorauszudenken haben? Auch Berlin hat sie. Eine Ausstellung »Planung Berlin« ist aufschlußreich, freilich auch – für den Laien – fragwürdig und kaum des Interesses weiterer Kreise sicher. Solche Planungen sind meist, auch diese Ausstellung zeigt es, eine Angelegenheit von Fachleuten. Die Fachleute also sagen: Die City Berlins muß Träger der Wirtschaftsfunktionen werden, die Wohnungen gehören nicht in den Kern der Stadt. Man hört von der Harmonie zwischen Großstadt und Mensch, von Struktur und Funktionen Berlins, von Verkehrsplanung, von der Verwertung technischer Installationen, wie U- und S-Bahn, Kanalisation, Hauptversorgungsstränge. Sogar von Fernheizung träumen die Gelehrten, und das Bild einer glasüberdachten Leipziger Straße ist wie ein Gruß aus dem Land Utopia. Können in einer solchen Stadt, über die die apokalyptischen Tiere so schaurig dahinrasten, ernsthafte Arbeiten solcher Art durchgeführt werden? Nun, einstweilen wird geplant, so düster Gegenwart und Zukunft der Stadt auch sind.

Sektoren – Sowjets – SED

Kein Schlagbaum, kein Posten hindern den Verkehr zwischen den vier Sektoren. Lediglich große Schilder in der Sprache der jeweiligen Besatzungsmacht weisen darauf hin, daß hier eine andere Welt beginnt. Es stört die Berliner nicht, es stört nicht die U-Bahn und nicht die S-Bahn. Und doch: Unsichtbar geht mitten durch Berlin die Scheidelinie. Kaum sieht man einen russischen Soldaten in den westlichen Sektoren, kaum einen Amerikaner und Engländer im russischen Sektor, obwohl den Soldaten der Aufenthalt bis 18 Uhr auch in fremden Sektoren erlaubt, der Besuch von Lokalen allerdings verboten ist. Man sieht in allen Sektoren mehr Offiziere als einfache Soldaten. Es ergibt sich hundertfältig Gelegenheit, die russischen Soldaten zu studieren. Das Rätselhafte, Anonyme, Hintergründige, Doppelgesichtige dieses Völkergemischs wird einem immer wieder offenbar. Ihrem Gefühl der Überlegenheit über die westliche »kapitalistische Welt«, ihrem zweifellos echten Vaterlandsstolz, ihrem fanatischen, bolschewistischen Sendungsglauben stehen echte Minderwertigkeitskomplexe gegenüber. Nicht ohne Grund untersagten die Russen die Fraternisierung mit den Deutschen und befahlen das geschlossene Wohnen der russischen Familien. Aber inzwischen haben sie gelernt, so sagte mir ein Bekannter, ein WC als WC und nicht mehr als Spülbecken für ihre Kochgeschirre, ein Fahrrad als Mittel zur schnelleren Fortbewegung und nicht als einen Apparat für artistische Künste anzusehen. Ihr Benehmen ist überall so unauffällig wie möglich geworden. Jeder scheint sich als Repräsentant seines Landes zu fühlen. Die Bevölkerung nimmt scheinbar keine Notiz von ihnen. Ein Unterschied freilich ist nicht zu übersehen. Neben den mächtigen, luxuriösen amerikanischen Wagen, die einen Zug unerhörten Reichtums in die Westsektoren bringen, machen sich die Beutefahrzeuge der Russen recht ärmlich aus, obwohl auch die Sowjets, wie man erfährt, beispielsweise bei kulturellen Veranstaltungen, ein Repräsentationsbedürfnis und einen Stil entwickelt haben, die der Mann von der Straße mit den Grundsätzen dieser proletarischen Nation schlecht in Einklang bringen kann. Bei Empfängen (z.B. beim vergangenen Schriftstellerkongreß) sei ein Bacchanal bei Peter dem Großen ein Kinderspiel gegen das Festessen der russischen SMA gewesen. Sekt, Wein und Wodka, seien, so erzählte ein Freund, der teilnahm, in Strömen geflossen, und die Tafel habe sich, um noch ein Bild zu gebrauchen, von erlesenen, gastronomischen Dingen gebogen. Er habe sich geschämt, wenn er an seine halbverhungerten alten Eltern in der russischen Zone dachte. Das Werben der Russen um Künstler und Intellektuelle ist systematisch. Stalin-Pakete und Lebensmittelkarte tun das ihre.

Man kann nicht leugnen, daß man im russischen Sektor ein Gefühl des Unbehagens nicht los wird, zumal, wenn man von gewissen Methoden der »Beschattung« durch Hausblockwarte erfährt. Es ist kein Zweifel, daß der Einfluß der SED im russischen Sektor im umgekehrten Verhältnis zu ihrer tatsächlichen Stärke steht. Viele Beamte im russischen Sektor, auch des mittleren und unteren Dienstes, sind Mitglieder der SED, obwohl sie die Partei innerlich ablehnen. Ein eindeutig neuer Typ der »Mitläufer« ist hier entstanden. Auch der weitaus größte Teil der Arbeiterschaft lehnt sie ab, da die SED-Methoden doch zu sehr an gewisse Vorbilder erinnern. Ein mir bekannter Arbeiter im russischen Sektor, 38 Jahre lang Motorenschlosser in einer Fabrik, seit 1912 organisierter Sozialdemokrat mit einem nüchternen Idealismus für seine Sache, sagt: »Bei Ihnen im Westen will man streiken. Das sollte bei uns nur mal einer in Erwägung ziehen, na, ich sage Ihnen.« Den Hamburger Sender wage er nicht mal auf Zimmerlautstärke einzustellen. Im Dezember 1945 sei der Sohn einer alten Witwe in seinem Haus aus amerikanischer Gefangenschaft zurückgekommen. Fünf Tage darauf wurde er zur Kommandantur bestellt, und seitdem sei der junge Mann spurlos verschwunden. Er habe allerdings das Pech gehabt, Oberleutnant gewesen zu sein.

Vom Kaiserhof zur Reichskanzlei

Hier hat Mars, der Kriegsgott, alles erschlagen. Hier hockt Klio, die Göttin der Geschichte, auf jedem Schuttberge, in jeder ausgebrannten Ruinenhöhle, sinnierend über den Lauf der Welt, sinnierend über die Abgründe, aus denen die Katastrophen steigen. Hier geschah es also. Hier hat der Totalitarismus seine Triumphe gefeiert. Hier tat Deutschland seinen tiefsten Fall. Hier war das. Wer wollte, stünde er hier, nicht den Atem anhalten? Hier kann jeder nachdenken, kostenlos. Hier grinst die stumme Sphinx.

Vierhundert Liter Benzin haben sie über den Mann gegossen: Hier stieg das Benzinwölkchen hoch. Hier, genau hier, wo ich jetzt stehe, am Fuße dieser Platane, die keine Platane mehr ist, sondern nur noch Stumpf, Relikt eines Baumes, vielleicht zehn Meter hoch. Hier hat dieser diabolische Mensch den Weg angetreten zu den Göttern, die für seine Taten zuständig sind.

Ungeheuere Dynamitladungen gebrauchten die Russen kürzlich, um diesen Bunker zu sprengen. Der obere Teil ist aus der Erde gehoben, der Zement-Beobachtungsturm liegt umgekippt daneben. Eine ölige Wasserlache steht im Stollen. Zahlreiche russische Namen sind an die Zementwände gekritzelt. Im Garten der Reichskanzlei stehen die zerspellten, zerfledderten Baumruinen der Weiß- und Rotbuchen. Eine Eiche steht da, eine einzige Eiche, der echteste deutsche Baum, nicht wahr. Sie war mal eine Eiche. Im Feuerlöschteich hocken vielleicht im Sommer die Kröten.

Es regnet in feinen, dünnen Strähnen. Auch durch die klaffende Decke des Mosaiksaales der Reichskanzlei nieselt es herein. Keine Tür, kein Lichtschalter ist mehr zu sehen. Unheimlich dieser dunkle Käfig, unheimlich die weiten, hohlen, dunklen Gänge. Hier waren die repräsentativen Neujahrsempfänge. Hier, an dieser Stelle, wünschten ihm die Diplomaten des ganzen Erdballes persönliches Wohlergehen, dem deutschen Volke Glück und Wohlstand, obwohl man es später fragte, dieses deutsche Volk, warum es sich seiner nicht rechtzeitig entledigt habe.

Zwei russische Offiziere mit einer Russin, einige englische Pfadfinder mit ihren »Zitronenpressen« auf dem Kopf wandern durch die Hallen. Zwei Männer sind im Mosaiksaal dabei, die kleinen schwarzen, weißen und goldenen Mosaiksteinchen mit einem Taschenmesser vom Boden zu lösen. Sie werden als Souvenirs verkauft. Bei Amerikanern, die im vorigen Jahre in kleinen Gesellschaften zur Besichtigung kamen, seit den politischen Spannungen sich aber im russischen Sektor nur noch selten sehen lassen, zumal kürzlich ein russischer Posten auf einen amerikanischen Bildreporter schoß, finden diese Andenken an die Wilhelmstraße reißenden Absatz. Ein halbes Dutzend Jugendliche, Fünfzehn-, Siebzehn-, Achtzehnjährige, hat sich am Eingang zur Reichskanzlei postiert, helle Berliner, wie man so sagt, mit hellen Köpfchen, wie man ebenfalls sagt, die auf geradezu wunderbare Ideen verfallen sind. Einer trägt zwecks Kompensation mit Ausländern wertvolle Sachen in der Tasche, wobei es ein Rätsel bleibt, woher er sie hat. Diese Sachen sind WHW-Abzeichen, Mutterkreuze und Eiserne Kreuze. Sie gehen ab wie warme Semmeln. Natürlich nur gegen Zigaretten. 1600 (sechzehnhundert!) Mark verdiente dieser Knabe an einem einzige Tag.

Klio sinniert, Thalia, die Göttin des Lustspiels, grinst, und ihre Schwester Melpomene, die Göttin des Trauerspiels, tut es auch.

Die beiden Löwen vor dem ehemaligen Reichspräsidentenpalais ruhen unentwegt auf ihren hohen Torpfeilern. Der Krieg hat sie nicht kleingekriegt. Mißtrauisch und reserviert schauen sie schräg gegenüber in eine sowjetische Kellerbuchhandlung. Beeilen wir uns, Wilhelmstraße Nr. 76, das Haus des weiland Herrn von Ribbentrop, links liegenzulassen, vielleicht fiele uns auch da noch Melpomene auf, das Trauerspiel des Auswärtigen Amtes repetierend. Essen wir lieber im »Adlon«, Eingang für Lieferanten, einen kleinen sauren Viertelhering, der uns 50 Gramm Fleischmarken kostet.

Auf dem Brandenburger Tor weht die rote Fahne, auf der Siegessäule die Trikolore, und nicht weitab haben Union Jack und Sternenbanner ihre Pflöcke abgesteckt. Die Siegesallee, einst die Denkmalsgalerie brandenburgischer Kurfürsten und Bischöfe, ist eine Landstraße geworden, flankiert von Schrebergärten; und auch der Tiergarten, dieses Prunkstück der alten Berolina, ist ein agrarisches Faktum dieser Stadt. Das riesige Monument des Rotarmisten an der Ost-West-Achse, Repräsentation und Demonstration zugleich, läßt den Pulsschlag der Geschichte ahnen, genau wie jenes geköpfte Standbild des Großen Kurfürsten in seiner Nähe. Wen Gefühle übermannen, wird eine Zähre zerdrücken, wer den Verstand fragt, wird sagen: Das haben wir nun davon gehabt!

Berliner Profile

Berlins Interims-Oberbürgermeister heißt, wie man weiß, Louise Schroeder. Der bescheidenen Sechzigjährigen, Tochter eines Hamburger Bauarbeiters, fehlt die Pose, und ihr fehlt auch, wie sollte es das nicht, die Prägnanz des Staatsmannes. Sie kam, erste Stellvertreterin des Oberbürgermeisters, zu ihrem Amt – mit Verlaub – wie die Jungfrau zum Kind. Wenn man sie sieht, denkt man an eine Lyzeallehrerin. Sie ist in ihrer Bescheidenheit alles andere als eine repräsentative Erscheinung. Louise Schroeder ist eine Art Stadtverweser, deren Interregnum noch lange dauern kann. Aber es ist »die beliebteste Frau Berlins«, auch ihre politischen Gegner bescheinigen es ihr.

Generalmajor Alexander Kotikow, fast schneeweißes Haupthaar, obwohl er erst 45 Jahre zählt, ist der russische Militärkommandant von Berlin. Er ist ein stattlicher, eleganter, gutgenährter Herr, der sich bei offiziellen Anlässen gerne in einer gepflegten, kaschmirseidenen, weißen Litewka mit dreireihiger Ordensschnalle, dunkelblauer Hose mit den breiten, roten Generalstreifen und auf Hochglanz polierten Lackstiefeln zeigt. Er kann gut ein maliziöses Lächeln aufsetzen und doch von ausgesuchter, wenngleich etwas hintergründiger Höflichkeit sein. Eine mächtige, dunkle Hornbrille unterstreicht den intellektuellen Zug des Sowjetgenerals.

Sein Adlatus, Oberst Sergej Tulpanow, vielgenannt und vielzitiert, kahlköpfig, massiv, mit mächtigem Schädel, deutsch sprechend, Leiter des Politbüros der Sowjet-Administration, doktrinärer Bolschewiki wie sein Chef, läßt noch mehr als dieser die dunkle Rätselhaftigkeit seiner Rasse deutlich werden.

Der Berliner »Telegraf« servierte 1947 seinen Lesern folgende Notiz des »Völkischen Beobachters« vom 10. 1. 1943: »Oberleutnant Paul Markgraf griff mit einer Panzerjägerabteilung in den Kämpfen im Raum von Stalingrad aus eigenem Entschluß eine im Vorgehen befindliche feindliche Kavalleriebrigade an und vernichtete sie.« Der schneidige und – wie das mitveröffentlichte Bild zeigte – »drahtige« Oberleutnant bekam dafür das Ritterkreuz. Paul Markgraf, gebürtiger Berliner, jetzt 37 Jahre alt, gelernter Bäcker, seit 1931 der Reichswehr angehörend und aus dem Mannschaftsstand hervorgegangen, ist Berlins Polizeipräsident. Er ist, inzwischen Kommunist geworden, als Kriegsgefangener im Moskauer Seydlitz-Komitee »Freies Deutschland« geschult. Als im November 1947 der Berliner Journalist Dieter Friede in den russischen Sektor gelockt wurde und spurlos verschwand, entzog das Stadtparlament mit den Stimmen der SPD, CDU und LDP gegen die Stimmen seiner SED-Genossen dem Polizeipräsidenten das Vertrauen. Er habe die Nachforschungen nach dem Verschwundenen sabotiert, machten ihm die Berliner zum Vorwurf. Ein Mensch verschwand, Markgraf blieb. Was ist *ein* Mensch? fragten die Zeitungen der Westsektoren, wo heute so viele Menschen spurlos verschwinden.

»Ans Vaterland, ans teure, schließ dich an, das halte fest mit deinem ganzen Herzen!« Als Wilhelm Pieck, der Boß der SED, das Schillerwort mit Pathos zitierte, grinsten die Berliner: Nachtigall, ick hör' dir trapsen! Seit er nach dem Zusammenbruch als Präsident des Zentralkomitees der KPD heimkehrte, wurde er »der Vater der Einheit«. Pieck und Grotewohl, Zwillinge wie Kastor und Pollux, sind die großen Dioskuren der SED, die Volkstribunen jenseits der Barrikaden, Kämpfer für die »Volksdemokratie«, wie sie es nennen. Berlin hat ihnen mit dem Stimmzettel im Oktober 1946 eine unvergeßliche Abfuhr erteilt. Aber ihre rhetorischen und oratorischen Meisterleistungen um die »reale Demokratie« sind deswegen nicht geringer worden.

(1948)

Auf der Reeperbahn nachts um halb eins

Das potenzierte Grau des Elends

Da liegt sie nun, die große Stadt, angelehnt an die gewaltige Elbe, die hier schon zum breiten Meeresarm wird. Auch die Brücken, über die man zu ihr hineinfährt, sind groß und gewaltig und leider auch der Jammer und das Elend und all das. Wir werden sehen.

Dies sei das Tor zur Welt, und sein Name gäbe Kunde von kühnem Wagemut, stolzem Menschenwerk und bestem Hanseatentum. Is nich! sagte uns der Berliner, der nach hier verschlagen wurde. Dasselbe auch der bekannte Leitartikler und dasselbe auch die Frau Senator. Tartüffs sind das hier, ergänzte der Leitartikler böse, Pfeffersäcke! die Frau Senator, die zudem aus Köln am Rhein stammt. Nun wohl, wenn man nachforscht, wird man wohl zu der Meinung gelangen, daß sie eine Mischung ist von alldem. Wir leben im Zeitalter der Demontagen einerseits, des Aufbaues andererseits. Karikaturisten haben Hochkonjunktur. Wir sind nüchtern wie die Zahl und zugleich verwirrt und nihilistisch angekränkelt wie nie zuvor. Das Gewicht der allgemeinen Verärgerung lastet schwer auf dieser Stadt, die einst Tor zur Welt war, wie es in jedem Werbeprospekt und in jeder Rede hieß. Nun ist das Tor verrammelt, blockiert, zugenagelt.

Und doch, das alles ist wahr, ist diese Stadt eine souveräne Stadt geblieben, wenn man sich nicht scheut, so von einer Ruinenstadt zu sprechen. In dieser Stadt, in der City, pulst und wogt und brandet es; Leben ist da, Verkehr und Hatz, Autofahren und Quer-über-die-Straße-Rennen, mit einem Wort: Betrieb. Und wer nur die Fassade sieht, der muß sagen: Donnerwetter! Und Baugerüste sieht man in der Innenstadt, daß es eine Lust ist. Wenn Pythia, die Apollopriesterin, auf einem Dach dieser Stadt säße, sie würde vielleicht weissagen, daß in zehn Jahren die Innenstadt wieder komplett ist.

Statt der Dame mit dem delphischen Orakel ist ein nackter, muskulöser Herr auf einem Dach zu sehen, nämlich Herr Atlas, der unter der Last seiner Kugel in die Knie gegangen ist. Er steht auf dem zerrupften Dach des Hauptbahnhofes, von Bomben unberührt und von grüner Patina überzogen. Tag für Tag sieht er die Tausende und Abertausende Kartoffelhamsterer, die genauso schwer schleppen und in die Knie gehen wir er, heimkehrend aus der Lüneburger und Uelzener Gegend, aus Holstein und aus Richtung Bremen. Auch sonst besteht noch ein geringer Unterschied zu dem nackten Herrn auf dem Dache. Denn diese Kartoffelschlepper leiden ausnahmslos an Muskelschwund, und die Patina, die ihre Gesichter überzogen hat, ist grau, und ihre Kleider sind auch grau und ihre Seelen ebenfalls. Es ist das potenzierte Grau des Elends, was der Hauptbahnhof in diese Stadt einläßt. Und das wäre nun das andere Bild dieser großen, gewaltigen Stadt am Tor zur Welt.

Nun hieße es erzählen von den Türmen von St. Petri, Michel, Nikolai, von Elbbutt-Duft und Ruch von Tang und Teeren, was alles schon fast wie ein Gedicht klingt. Jungfernstieg, Mondnacht auf der Alster, Hummel-Hummel und Hafen, Sehnsucht nach der Ferne, und Düfte ferner Länder. Man kann nicht recht unterscheiden, was davon noch in der großen Stadt zu Hause ist. Außer den Türmen und der großen Sehnsucht wahrscheinlich nichts. Ein anonymer Geist vor Ratlosigkeit und Hoffnungslosigkeit, den die Gegenwart vorschreibt, lastet auf den Menschen. Ein wenig diesige, regnerische Stimmung hilft der Stadt und ihren Menschen, nach Hoffnungslosigkeit auszusehen. Und es hieße schließlich auch erzählen von der amusischen Stadt, die Gelegenheit gehabt hätte, nach dem Zusammenbruch eine Art Mittelpunkt geistigen und künstlerischen Lebens zu werden, die aber, wie uns erzählt wird, aus mancherlei Gründen die Gelegenheit verpaßte. Laßt uns also das Handfestere, das Realere suchen!

Windstille

Rechts am Eingang sitzt ein Hundchen von etwas unordentlicher Abstammung, links eine Katze. Es wäre zuviel verlangt, daß das Hundchen freiwillig Pfötchen gäbe. Es schaut traurig drein, denn es geht auf das Ende der Zuteilungsperiode zu. Manche Leute, die vorbeikommen, hätten das Hundchen oder die Katze ganz gern schlachten mögen, denn manche Leute sehen so aus, als ob sie gerne Haustiere zum Verspeisen fangen möchten. Die beiderseitige Zoologie sitzt am Eingang zu einem Lokal auf der Großen Freiheit und gehört fraglos zum Inventar dieses Lokals. Drinnen nun, im Lokal, ist der bekannte »Ringelpiez« im Gange, wie man das gar nicht anschaulicher und bildhafter ausdrücken kann. Wir haben uns schnell ein paar Namen von diesen Lokalen notiert. Sie haben noch immer die alten, klassischen Namen von Reeperbahn und Große Freiheit, Zippel-Klause und Bill-Klause, Blockhütte, Indra und Apollo, Jungmühle, Regina und Alte Kajüte, Alkazar und Hippodrom. Man muß sich davor hüten, eine Gedankenreise in die Vergangenheit zu tun. Denn als Hans Albers uns das alles im Film vorführte mit Wimmerkommode und La Paloma, diese St.-Pauli-Atmosphäre, mit den Herren der allerchristlichsten Seefahrt und den moralischen Mädchen, mit den Hippodrom-Pferdchen, die aus Biergläsern tranken, da sah es noch etwas stilvoller hier aus. Jetzt hängen Plakate an allen Ecken und Kanten und Ruinenvorsprüngen, von denen der alte Bebel namens der Kommunisten für die Einheit wirbt.

Nun ist, seitdem vom Himmel Pech und Schwefel herniederkamen, Windstille über St. Pauli, und das, was geboten wird, hat keine richtige Akustik mehr. Das, was geboten wird, ist wie Gewürz, das den schlechten Braten verdeckt. Der Braten schmeckt schal und abgestanden. Und Hein und Fietje und Buttje, wenn sie klar Schiff gemacht und an Land gegangen waren (damals, alles damals), dann wurde in St. Pauli ein bißchen auf die Tube gedrückt und auf die Pauke gehauen, versteht sich. Aber viele Heins und Fietjes und Buttjes hat der große Krieg aufgefressen. Sie sind zu den Fischen gegangen, als ihre Pötte, ihre U-Boote, Minenleger, Minenräumer und Schnellboote absoffen, und da ruhen sie nun. Die aber, die heimkehrten, die fanden keine Heuer mehr, denn auch die Handelsschiffe hatte der Krieg beziehungsweise das Reparationskonto aufgefressen. Das Tor zur Welt wurde für eine Weile zugemacht. Nur noch ein paar kleine Pötte und Kutter stechen in See zwecks Heringen. Nun hoffen sie – vielleicht, vielleicht! – auf die Liberty-Schiffe. Im Hafen, mit Blick auf die geschlachteten Werften, wollen die Überlebenden ein Denkmal setzen, so haben sie jetzt angeregt. Auf dem Sockel soll stehen: Unserem lieben Führer!

Das Großstadt-Karussell unserer Tage

Das Hundchen und die Katze sind zu Bett gegangen. Aber aus den Lokalen fällt noch das Licht in den dunklen Trog der Straße. Und es schiebt sich dahin und daher, und es ist ein großes Problem, was sich dahin und daher schiebt. Es ist ein Problem für die Sipo, und die Kripo und die »Sitte«. Gorkis Nachtasyl, Balzacs Sittenromane, Hauptmanns Sozialstücke – das alles kann man wieder aus erster Hand erleben. Die Bewegtheit der Reeperbahn ist in die nächtliche Szene einbezogen.

Ein wenig rotes Licht, vielleicht vierzigkerzig, erhellt den Gang, und die Standardmelodie der Nachkriegszeit, die süße Sache mit den Caprifischern, ist schon zu hören. Da drinnen ist also das, was wir schon sagten: Ringelpiez. Vielleicht ist es ein poetischer Einfall der verehrlichen Direktion gewesen, Drahtkörbchen um die roten Lämpchen zu montieren. Die Basis nun des nächtlichen Tanzes bilden Eros, der griechische Götterknabe, und der Schutzpatron aller Schwarzhändler, der heilige Chesterfield. Das Kriminelle und Soziale, das Merkantile und Kommerzielle halten sich die Waage, obwohl ein Schild deutlich sagt, daß in diesem Lokal jegliche Schwarzmarkt- und

Tauschgeschäfte verboten sind. Fünf Musiker auf dem Podium, müde und abgekämpft, jeder wahrscheinlich in Gedanken bei Kartoffeln und Kohlen, tun ihre Pflicht und fordern zu Tango, Swing und Onestep auf. Zwei Paare versuchen Boogie-Woogie. Lieber Gott im Himmel, den muß man gesehen haben, diesen Tanz! Zwei Herren am Nachbartisch sind in ein Gespräch verwickelt, versenkbare Nähmaschine einerseits, Telefunken-Fünfröhren-Apparat andererseits. An der Wand hängt ein Plakat mit einer Dame, die für Tätowierungen von Künstlerhand wirbt. Diese Dame, nackt bis auf das Existenzminimum, zeigt es auf Oberschenkel und Oberarm, was die alten Tätowierer noch vermögen. Aber mit Tätowierungen ist große Flaute.

Auf einen Mann kommen hier fast drei Frauen. Auf den Frauen lastet der Fluch, daß nicht auf jede von ihnen ein Mann kommt. Vom schmachtenden Flirt ist es nicht weit bis zur unverhohlenen Prostitution. Der Menschheit ganzer Jammer bietet sich hier an. Armselige Geschöpfe sind es, denen – erschütternd, es zu hören – »alles egal ist«. Keinen Tanz überschlagen sie. Drei Stunden lang sitzen sie bei einem Glas Apfelmost zu vier Mark fünfzig. Hier und da sitzen welche mit einer Flasche sogenannten Weines, der so verschnitten ist, daß es einen erbarmen kann. Preis nur sechzig Mark inklusive. Und dabei werfen sie ihre Netze aus, frech, traurig, raffiniert, unaufhörlich, und nur selten geht ihnen jemand ins Garn.

Um vier Uhr morgens heult noch einmal eine Sologeige zum letzten Tanz. Und man hört es, wie den armen Musikanten der Magen knurrt und die Augendeckel zuklappen. Vielleicht müssen sie schon um halb sechs mit dem Rucksack zum Personenzug in Richtung Lüneburg. Das Ganze ist grausame, aber doch nur halbe Wirklichkeit, eine Nacht ohne Pointe, ein Tingel ohne Tangel. Das alte St. Pauli lebt nicht mehr.

(1947)

Die »hillige« Stadt am Strom

Von der Idee des Plato

Wir können uns erfreulicherweise schon auf Plato beziehen, wenn wir sagen, »daß ihr Lebtag stets alle Städte mit allen Städten in beständigem Kriege« leben. Wir haben somit schon in der ältesten Literatur einen Beweis dafür, daß Kleinkriege zwischen Städten keine Erfindung unseres Jahrhunderts sind. Und da nach der platonischen Ideenlehre die wahre Welt außerdem eine Welt der Ideen ist, müßte notwendig auch der Kleinkrieg zwischen zwei Städten am Rhein, nämlich Köln kontra Düsseldorf oder umgekehrt, eine Idee sein. Und das ist es denn auch, nämlich eine fixe Idee.

Diese fixe Idee ist in unserem Jahrhundert ein großartig tragendes Element in der Kommunalpolitik, die mancherorts auch Kirchturmpolitik genannt wird. Sie belebt Lokalpatriotismus und Kannegießerei auf das eindringlichste. Ihretwegen gerieten einst die dicksten Freunde der beiden Städte in Streit, ihretwegen lagen sich einst Oberbürgermeister und Karnevalsfürsten, Intendanten, Straßenjungen und Stadtverordnetenversammlungen in den Haaren, von Marktfrauen und den ihnen verwandten Zeitungsschreibern gar nicht zu reden. Dieser Kleinkrieg war da und schwelte zäh und unablässig unter der Oberfläche, manchmal pufft es wie eine Luftblase, manchmal wie ein kleiner Vesuv. Und neuerdings wurde zum Beispiel boshaft gesagt, die Düsseldorfer haben mehr Autoreifen bekommen als wir, die Kölner. Oder: Die Düsseldorfer ziehen die Zentralbehörden an sich, und wir? Und die Düsseldorfer, die sich gerne das Ansehen von Überlegenheit geben und am liebsten eine Pfauenfeder an ihre Hinterfront stecken würden, antworten: Kinders, ihr in Köln wohnt nicht nur genau auf dem 51. Breitengrad, wodurch das Klima etwas hitziger ist als bei uns, die Zahl hat auch sonst eine Bewandtnis, erinnert euch doch mal, bitte sehr, ihr müßt es doch wissen, das Oberlandesgericht habt ihr doch behalten, denkt doch mal nach. So und ähnlich gehen dann die boshaft-freundlichen und neckisch-hintergründigen Geschosse hin- und herüber.

Heinrich Heine, dem Sohn der Radschlägerstadt, verdanken wir das Wort, daß Düsseldorf eine schöne Stadt ist, an die in der Ferne zu denken einem wunderlich zumute macht. Willi Ostermann, wenn er an seine Heimatstadt dachte, wollte »zo Foß no Kölle jon«. Heimweh hier und Heimweh dort. Lieben sie also nicht beide, die Düsseldorfer und die Kölner, ihre Heimatstadt mit derselben Inständigkeit und Beharrlichkeit? Die Metapher, daß auf den Kopf der Kölner zwanzig Kubikmeter Trümmerschutt fallen, während es bei den Düsseldorfern nur fünfzehn sind, mag nicht gerade an diese Stelle zu setzen sein, genügt aber, Plato und den Kleinkrieg zu verlassen, um uns auf den großen Krieg zu werfen, der Köln in einem Maße massakrierte, schlachtete, niedermetzelte und niederwalzte, für die uns Vorstellung und Begriffsvermögen fehlten.

Das MG in der Dom-Sakristei

Am 6. März 1945, an einem Dienstag, deckten die letzten deutschen Soldaten im Kölner Domviertel in einer Art Brückenkopf um Dom und Hohenzollernbrücke den Rückzug der geschlagenen deutschen Armee auf die rechte Rheinseite. Es war nicht mehr viel, was es da zu decken gab. Stäbe und rückwärtige Dienste waren schon vorher ins Rechtsrheinische verlegt worden. Nun zog das letzte Häuflein der Geschlagenen, das letzte Fähnlein der Aufrechten und Versprengten, sofern sie noch Brennstoff für ihre Fahrzeuge hatten, über den letzten Rheinübergang. Ein Hauptmann hielt mit seinem Bataillon, wie es ihm befohlen war, den Brückenkopf. Gewiß ist es übertrieben zu sagen, Das Bataillon habe an diesem Tage mehr als Zugstärke gehabt. Es waren ein paar Maschinengewehre, über die der Hauptmann noch verfügte, zwei oder drei leichte Flakgeschütze, die im Mannschaftszug von Straßenecke zu Straßenecke gezogen wurden, und einige Tiger-Panzer und Sturmgeschütze, denen der letzte Tropfen Sprit auszugehen drohte. Unablässig streute die amerikanische Artillerie. Durch einen massierten Luftangriff am 2. März auf die Trümmer der Kölner Innenstadt, also innerhalb des Kölner Rings, der bewirken sollte, den Deutschen die Rückzugsstraßen zu versperren, war in der Stadt ohnehin das absolute Chaos ausgebrochen. Am 6. März gegen ein Uhr flammte die Zündschnur an der Hohenzollernbrücke auf, und mit ungeheuerem Getöse sank auch der letzte Kölner Rheinübergang in die Fluten. Zwischen Deichmannshaus und Dom brannte ein »Tiger« aus, vor dem Hotel »Excelsior« ein deutsches Sturmgeschütz. Um fünf

Uhr nachmittags betraten, wie der Domkapitular später berichtete, die ersten Soldaten der US-Army den Dom, lachend schüttelten sie ihm die Hand und schossen dann durch ein Fenster des Kapitelsaales zu den Deutschen hinüber. Auf einem Schrank in der Sakristei bauten sie ein MG auf, doch die Deutschen kämpften nicht mehr. Am 7. März fahndeten sie nach einem Munitionskeller im Dom, doch bestand ein solcher nicht. Ein amerikanischer Kriegsberichter erschien mit seiner Aufnahmeapparatur und sprach eine Rundfunkreportage. Viele Fotoapparate klicksten im und um den Dom, und selbst ein amerikanischer Feldgeistlicher, der in der Schatzkammer vor 48 Soldaten eine Messe zelebrierte, stellte im Anschluß an den Gottesdienst auf dem Sakramentsaltar seine liturgischen Geräte auf und ließ sich fotografieren. Der Domkapitular rühmte das gute Verhalten der Soldaten. Es seien nur zwei Figuren von Bänken des Mittelschiffs und sechs Kerzen als Souvenirs mitgenommen worden, wie er sagt.

Jener deutsche Hauptmann und Bataillonsführer nun schrieb einen kurzen, knappen und, wie man sagen kann, bündigen Gefechtsbericht. In drei oder vier Sätzen war die letzte Kampfphase um Dom und Brücke niedergeschrieben. Der letzte Satz dieses Berichtes lautete wörtlich und lapidar: »Der Reichsverteidigungskommissar wurde nicht gesehen.« Und in diesem einen wütenden Satz, der nichts anderes als hellste Empörung war, lag alles beschlossen, was zum Kapitel »Kampf bis zum letzten Blutstropfen« zu sagen gewesen wäre. Emphatisch hatte der Reichsleiter Bormann gerade in jenen Tagen den Gau- und Kreisleitern befohlen, beim Kampf um ihre Heimatstadt zu siegen oder zu sterben. Der Sieg war mittlerweile etwas fragwürdig geworden, den Tod fürs Vaterland aber, der süß zu sein plakatiert wurde, überließ man Knaben und Kindern, denen man Panzerfäuste in die Hände drückte und denen man erzählte, wie Winkelried durch Selbstaufopferung die Schlacht entschied. Zwei Jahre später wurde ein Landarbeiter Otto Gruber in einem Dörfchen bei Warburg in Westfalen von britischer Militärpolizei festgenommen. Es blieb kein Geheimnis, mit wem der biedere Mann, der Mist auf die Felder karrte und das Jauchefaß fuhr, identisch war. Es war der Reichsverteidigungskommissar und Gauleiter Grohé.

Auf Plato reimt sich Jatho

Carl Oskar Jatho, ein feinfühliger, ästhetisierender Kölner Schriftsteller, ein Kopf von hoher Geistigkeit, hat in einem Buch »Urbanität« das Hohelied vom sakralen und »hillige« Köln angestimmt. Sein wehmütiger Nekrolog und die Forderung »vom Amorphen zurück ins Kristallinische« ist aber mehr, wie uns scheint, eine nebulöse Schwärmerei und verliert sich in unverbindlicher Aussage. Die echten Wirklichkeiten sieht man nicht. Der jüngere Dr. Hans Schmitt, Leiter des Kölner Städtischen Nachrichtenamtes, einer der fruchtbarsten und sympathischsten rheinischen Publizisten, bekundet in seinem Buch »Der Neuaufbau der Stadt Köln« schon mehr Gegenwartssinn. Daß uns in seinem Buch der »Exkurs über die Kleinbürgerei« im allgemeinen, über die Kölner Kleinbürgerei im besonderen große Freude bereitet, vermerken wir mit Vergnügen. Was Kölns Städtebauer Professor Schwarz, der die

Wiederaufbaugesellschaft leitet, zu dieser Publizistik sagt, ist uns unbekannt. Vielleicht wird er sagen: Meine Herren, eine kaputte Stadt ist kein blaugeblümtes Problemchen, wie Kästner sagen würde, sondern ein »Propplehm«, wie Tucholsky gesagt haben würde. Welche Stadt hat bei 789 Großalarmen 107 schwerste Luftangriffe erlebt? Und dann, meine Herren: Sind 14 Millionen Kubikmeter Schutt ein Begriff? Doch eben, wo Begriffe fehlen ...

Elli, Anita – ob sie noch leben?

Man liebte sie mit einer unaussprechlichen Liebe.

Wer nach vielen Jahren wiederkehrt und sie im alten Köln besucht, einst eine der berühmtesten Straßen aller deutschen Städte, der Lebensnerv dieser Stadt noch mehr als der breite Boulevard des Rings, ein schmales Band von Geschäftigkeit und Buntheit, Gedränge und Gewoge, von Schildern, Lichtern, Schauläden und Menschenvolk, und alles unter dem strengen Parfüm von 4711, Asphalt und unaufhörlich gehenden Drehtüren – wem dies alles in die Erinnerung tritt, dem gibt es einen mächtigen Riß am Herzen. Und nun, 1947, die versteinte Grimasse des Kriegsmassakers: verbogene Stahltraversen, Schutthügel, Trümmerblumen mit rosa Blüten und weißem Gespinst und vielen, vielen spätsommerlichen Kohlweißlingen darüber. Ein unwahrscheinliches Hochzeitspaar im offenen Landauer, er wahrhaftig mit Schwalbenschwanz und Zylinder, sie in strahlendem Weiß. Ein altes Männeken in abgewetztem Habit, das ungläubig hinterherschaut, tut den tiefsinnigen

Spruch, in dem alle Weisheit beschlossen liegt, die auf diesem Planeten noch daheim ist: »Das Leben geht weiter!« Es geht wirklich weiter, das Leben. Es ist nichts zu machen.

Man kann wieder von einem Ende zum anderen pilgern, vom Dom bis zur Hohen Pforte. Der Schutt ist wenigstens von der Straßenmitte, zum Teil auch von den Gehsteigen beseitigt. Dies, nicht wahr, war der Buchladen, wo man als junger Mann die Göschen- und Reclam-Bändchen kaufte, wo man Remarque, Renn und Tucholsky, »Weltbühne« und »Tagebuch« erstand und trotzdem zehn Jahre später in das zweite »Stahlbad« marschierte. Mein Gott, wie hieß sie noch, die Buchhandlung? Neuber? Neubner? Wo mag sie geblieben sein, die kleine hübsche Buchhändlerin, die das Antiquariat betreute, ganz hintendurch? Ob sie wohl unterm Schutt liegt und das Atmen eingestellt hat? Hieß sie nicht Anita?

Wo ist Obermarspforten, die kleine Seitengasse? Wo das Café Jansen, wo man in einer verschwiegenen Ecke auf dem Sofa Elli küssen konnte, die später Frau Studienrat wurde und zwei Söhne bekam und – wer erzählte es noch? – ins Schlesische evakuiert wurde? Ach Gott, ob die Elli noch lebt?

Und da war das Café Bauer, daneben Zigarren-Feinhals: Schutt, alles Schutt! Und wo ist der Livrierte mit den Kinderäugelchen und der Goldborte an der Mütze, der am »Atlantik« stand und den wir den dikken Tommes nannten? Alles ist zerstoben, vielleicht zermalmt und zerquetscht, und nur der schwanke Kahn Erinnerung schaukelt dahin. Ergo bibamus! Laßt uns einen kleinen Rübenschnaps trinken in dem kleinen, neuen Lokälchen mit dem schönen Namen und den sündhaften Schwarzmarktpreisen!

Da hat sich nun inmitten all der Ruinen schon wieder einiges etabliert: Vornean das Aschenbechergewerbe und ein Mann, der laut und unbedenklich »Amis!« ruft, und ein italienisches Eis-Café »Mantelli« und eine »Schweitzer-Klause« mit täglichem Konzert und an der Hohen Pforte ein Konzert- und Tanzcafé mit dem vielversprechenden Namen »Barbarina«. Und sonst ist alles Schutt und Schutt und Schutt!

In einem Aschenbecherladen lesen wir etwas Handgemaltes, ein altes Kölner Sprüchelchen, und das könnten wir vielleicht ganz gut mal notieren: Drag ding Krützche mit Geduld, denk, du wörs et selver schuld!

Nach vielen Jahren Fernesein sind wir wieder über die Hohe Straße gewandert, und wir hatten einen Knoten im Halse, den herunterzuschlucken wir uns vergeblich mühten. Und wir dachten an den Buchladen von damals und an das kleine hübsche Fräulein Anita und daran, ob sie wohl davongekommen ist, die Gute. Neuber? Neubner? Steubner? Herrgott, wie hat der Buchladen geheißen?

Zum guten Ende wollen wir noch schnell für ein Denkmal plädieren, mitten auf die Hohe Straße will man es stellen mit dem Blick auf die Trümmerdünen. Auf den Sockel soll geschrieben werden: Unserem lieben Führer! Ob Anita noch lebt? Ein Monatsgehalt würde sie sicher für die Denkmalskollekte opfern.

(1947)

Wiedersehen mit Bonn

Da steht nun der »Alte Herr«, eine beachtliche Tiefquart auf der Backe, und fixiert das Bild des Bahnhofsvorplatzes. Es läßt sich nicht verheimlichen, auch hier ist das Verhängnis ein absolutes, ob auch die Straßenbahnen bimmeln, ob auch das Mikroben-Gewimmel der Menschen sein Auge verwirrt. Die Ruinen sind nicht zu übersehen. Da steht er nun, Doktor der Medizin, Medizinalrat dazu, und möchte ein privates, ganz persönliches Wiedersehen mit dieser Stadt feiern, wo er, vor vierzig Jahren, gesungen hat: »O alte Burschenherrlichkeit«. Es gab damals den Paukboden, es gab das Saufen, das Raufen und die Liebe, es gab die Filia hospitalis, es gab den Karzer und den Oberpedell und den Repetitor, den Alten Zoll und das Poppelsdorfer Schloß, die Lindenwirtin in Godesberg, das Siebengebirge und – den Hörsaal. Das gab es alles, damals, vor vierzig Jahren. Und nun will er, der Herr Medizinalrat, seinen Sohn besuchen, stud. med. Hans-Georg B., 28 Jahre alt, viertes Semester, der sich in Europas Geographie, durch die er fünf Jahre lang marschierte, besser auskennt als im Hippokrates und Paracelsus.

Es ist wohl nur ein Bild, wenn man sagt, auch hier wurde das Oberste zuunterst gekehrt. Unterm Galopp des apokalyptischen Tiers ist auch Bonn eine Ruinenstadt geworden. Der Alte Herr, langsam schlendernd, kommt zum Münsterplatz; Beethovens Denkmal steht noch, verloren und verspielt. Er kommt zum Friedensplatz: Das Gewimmel des schwarzen Marktes spricht an wie ein Film. Er kommt zum Marktplatz: Ein gewaltiger Bagger, bis hoch an die Gipfel der Ruinenstümpfe ragend, ist sein Symbol geworden. Beethovens Geburtshaus in der Bonngasse, merkwürdig genug, blieb erhalten, doch die Altstadtumgebung ist flachgewalzt. Schutt ist kaum beseitigt. Aber wer zum Tadeln neigt, muß sich belehren lassen, daß die gesamte Altstadt durch eben diesen Schutt erhöht werden soll, um sie hochwasserfrei zu machen. Um dieser Trümmer willen herzureisen, denkt der Alte Herr, lohnt es nicht. Sein Herz, wie sollte es auch, spürt nicht den sanften Zauber, nicht das trauliche Gefühl des Wiedersehens. Diese Stadt geht ihn nichts mehr an. Er schlendert zur Universität. Und erschrickt. So hätte er sich das nicht vorgestellt. Zum Hofgarten: Wehmut überkommt ihn. Zum Alten Zoll: Wo sind die Kastanien, die Fliedersteкken? Die Rheinbrücke liegt im Strom. Eine Fähre und ein Bötchen gehen nach Beuel hinüber. Drangvoll fürchterliche Enge. Hier, unter den Bäumen des Alten Zolls, standen einmal Bänke. Hier hat er – seliges Gedenken – viele, viele Male ein Mädchen geküßt, das Lisa hieß und später Frau Metzgermeister wurde. Hier war das.

Um elf Uhr trifft er sich mit stud. med. Hans-Georg B., wie verabredet. Ein Gefühl des Erbarmens überkommt den Alten Herrn. Das ist also sein Filius. Sie fahren mit der Straßenbahn. Bis Endstation. Dort steht der Bunker, der Studentenbunker. Dort wohnt der Filius mit 140 Kommilitonen. Sie treten durch die Gasschleuse ein. Er kann es nicht anders ausdrücken. Sein Sohn wohnt in einer Grabesschlucht.

»So«, sagt der Alte Herr, »hier wohnst du also? Etwas merkwürdig, wie?«

»Man gewöhnt sich an vieles«, sagt der Sohn, »auch an dies.«

»Dies ist dein Bett?« fragt der Alte Herr und sieht den Strohsack.

Ja, dies sei das Bett. Wieder überkommt den Alten Herrn ein Gefühl des Erbarmens. Ob er mit dem Geld auskomme?

Der Filius lächelt etwas verschämt. Er sagt: »Weißt du«, sagte er, »manchmal mache ich so ein bißchen nebenher, ja, so ein bißchen nebenher, verstehst du?«

Ja, er versteht, der Alte Herr, er versteht sehr gut. »Mit was denn, wenn ich fragen darf?«

Der Sohn schweigt. Er müßte ihm sagen, daß er mit Zigaretten, Feuersteinen und Süßstoff so ein bißchen nebenher mache. Der Junge Mann, der Sohn, der Filius, wird etwas nervös.

»Ein bißchen anders als früher«, sagt der Alte Herr bitter.

Die Studenten sind weit marschiert. Haben sie auch weit gedacht? Steht ihre äußerliche männliche Reife nicht oft in erschütterndem Gegensatz zu ihrer geistigen Unfertigkeit, die durch die Lückenhaftigkeit der Vorbildung bedingt ist? Haben sie nicht zu viel geglaubt und zu wenig überlegt? An die Stelle von Kneipjacke, Cerevis und Couleurband war die gefärbte »Montur« des Landsers getreten, an Stelle der »Bude« der Bunker. Was man früher einmal das »akademische Bürgerrecht« nannte, ist – in Bonn wird es durch den Studentenbunker besonders deutlich – ein Teilproblem der Überfremdung geworden.

»Übrigens«, sagt der Filius zum Alten Herrn, als er ihm auf seiner elektrischen Kochplatte eine Scheibe

Brot geröstet hatte, »der Gesundheitszustand unserer Studiker läßt auch zu wünschen übrig. Viele der in Bonn zum nächsten Semester Neuzugelassenen sind tuberkuloseverdächtig. In Reihenröntgenuntersuchungen wurde es festgestellt.«

»Ein bißchen anders als früher«, wiederholte der Alte Herr, als ihn der Sohn zum Bahnhof brachte, »das kann man nicht anders sagen.« Und es wollte ihm nicht gelingen, jenen Gesang zu beschwören, bei dem er vor vierzig Jahren als Fuchsmajor so manchen Salamander gerieben hatte: »O alte Burschenherrlichkeit, wohin bist du entschwunden ...«

(1947)

Ein Dorf, ein Wald, bleiches Gebein

Das Grauen wohnt im Hürtgenwald

Der Bürgermeister Prinz sagte dies: »Am 15. September 1944, abends zehn Uhr fünfzehn, ging es los. Bis zum nächsten Morgen um sieben jede Viertelstunde ein Artillerietreffer. Die Amerikaner schossen aus der Gegend von Zweifall. Am 24. September mußte Hürtgen geräumt werden. Wir kamen nach Kelz bei Düren, aus dem Regen in die Traufe. Dreizehnmal in einem Vierteljahr hat das Dorf den Besitzer gewechselt. Im Dezember hatten es die Amerikaner endgültig.«

Der Bürgermeister ist ein hagerer Mensch von achtundvierzig Jahren, Vater von fünf Mädchen. Sein Gesicht hat viele Falten. Im Wohnzimmer steht, von einer Militärdecke überzogen, ein Kanapee in bedrohlichem Zustand, ein Tisch und eine Art Anrichte aus rohem Holz. Zwei mächtige Hirschgeweihe hängen neben einem Kruzifix, unbeirrt von der Nüchternheit des Raumes, an der Wand. Bis 1944 besaß Prinz vierzehn Stück Rindvieh und zwei Pferde, jetzt hat er wieder drei Kühe und ein Pferd. Er bewirtschaftet 36 Morgen Land, vierzehn Morgen können noch nicht bestellt werden, weil noch Minen liegen. Sein Haus, als er ohne ein Stück Vieh zurückkam, war eine Ruine. Ganz Hürtgen war eine Ruine. Kein Inventar, kein Ackergerät mehr. An der Straße gegenüber stehen in einem Vorgärtchen fünf Kreuze aus Kistenbrettern. Soldatengräber.

Der Name des Dorfes, das 550 Einwohner zählt, und des nach ihm benannten Hürtgenwaldes, die geschlachtet wurden, wie es nur einer Schlacht gemäß ist, ist vor zwei Jahren um den ganzen Erdball gelaufen. Dieser Hürtgenwald ist nicht so sehr ein Faktum, er ist ein Tatbestand organisierten Wahnsinns, die Apokalypse des Jüngsten Gerichts schlechthin. Denn das, was dort vor uns steht, Kilometer um Kilometer, unabsehbar, ist das Ergebnis dessen, daß das Kriegsmetier gewissermaßen bis zur letzten Möglichkeit ausgeschritten wurde. »Man soll jeden hinführen, der das Wort Krieg noch einmal in den Mund nimmt«, sagt der Bürgermeister.

Der Hürtgenwald ist 3000 Morgen groß, Staatsforst und liegt an der Straße Düren-Monschau, die wie ein gelbes Band hügelan, hügelab läuft, 15 Kilometer südwestlich von Düren, 209 Kilometer von Aachen entfernt. Kleine Bäche stolpern durch Mulden und Täler. Der Hürtgenbach fließt in die Weiße Wehe, diese in die Inde, die Inde in die Rur. Der östliche Teil dieses Waldes liegt auf unabsehbare Strecken wie ein der Haut entblößtes Tier. Ein schwarzer drohender Gitterwald, von diffusem Licht übergossen. Keine Chance haben das Grün und Gelb des Herbstes.

Die erste Schneise! Der Major zeigt mit seinem Minensuchstab auf ein Kleckschen Etwas, da wir kaum 20 Meter von der Straße entfernt sind: »Das ist ein Deutscher!« Der Deutsche ist: ein Rasierpinsel, ein Spiegelscherben, eine orangefarbene Butterdose, zwei Handgranaten, ein Karabiner 98k, ein Stahlhelm, ein Schnürschuh mit Socke und abgerissenem Fuß. Dort liegen Uniformfetzen mit einem Stückchen Ordensband, das einmal das EK-Bändchen war. Der Schädel ist in eine kleine Kuhle gerollt. Dort liegt ein Koppelschloß. Auf dem Koppelschloß steht – man kann es nicht übersehen: Gott mit uns!

Zehn Meter entfernt aber – dies sind vier Amerikaner: Totengebein, von Wind und Sonne gebleicht, ein Gummistiefel, Gewehre, ein MG, Uniformfetzen, ein Rasierapparat, in einem Stahlhelm noch Würmer an der Kopfhaut. Und, in Taschenformat, ein Büchlein, stockfleckig, vom Regen angefressen. Ich schlage es auf, neugierig, und lese: THE NEW TESTAMENT OF OUR LORD AND SAVIOUR JESUS CHRIST. Ein paar Lieder im Buch, das erste überschrieben: ONWARD. CHRISTIAN SOLDIERS!

Weiter!

»Dies hier war ein deutscher Stoßtrupp, der wahrscheinlich an den amerikanischen Unterstand wollte«, sagt der Major. »Pioniere«, sagt der einstige Major, der aus Stalingrad entkam, in Tscherkassi im Kessel saß, das Ritterkreuz trug, »Pioniere waren die ärmsten Schweine, aber«, sagte er, »Infanteristen waren die allerärmsten. Dies hier, diese vier waren Infanteristen.«

Weiter!

Dies Grab haben die Wildschweine bearbeitet, die Wildschweine, die auf den Äckern um das Dorf 80- bis 100prozentigen Flurschaden anrichten. Sie wühlen die Leichen heraus; Pietät – wie wollten sie auch? – kennen sie nicht, die Schweine. Wir sehen den toten Deutschen nur auf zehn Meter Distanz. Wir können nicht an sein Grab, das keins mehr ist. Alles ist noch von Minen übersät. Eine Zeltplane, in die sie den Toten gelegt hatten, verdreckt, von Fäulnis angefressen, haben die Tiere herausgezerrt. Ein Karabiner droht aus dem Erdstrudel, der Schaft im Dreck, der Lauf nach oben. Er droht wie der kategorische Imperativ.

Weiter! Weiter!

Noch mal Tote. Noch mal Tote. Drüben liegt ein Hauptverbandplatz mit vierzehn Toten, die sie noch nicht bergen konnten. Kürzlich sammelten sie an einer Stelle die Reste von 26 amerikanischen und zwei deutschen Soldaten. Ein Panzerwrack hat sich quer hingestellt. In einer Mulde noch zwei Panzer, ein deutscher, ein amerikanischer. Das Knochengerüst eines Pferdes, unheimlich das weiße Gebiß. Und noch ein Knochengemengsel, der Schädel stiert herüber. Was mag der Mund einmal an zärtlichen Worten gesprochen haben! Hat er »liebe Mutter« gesagt oder vielleicht »dear mother«? Wieviel zermürbende Unsicherheit, wieviel Herzeleid mögen um diese einstige menschliche Existenz noch kreisen?

Standarten des Todes

Die Bäume stehen schwarz gegen die Kumulusbemalung des Himmels, kilometerweit. Kein Blättchen wird je ihre Zweige ergrünen lassen. Standarten des Todes sind es, durch deren Zweige der Wind geht, ein Wind, den derselbe Herrgott wehen läßt, den sie auf ihren Koppelschlössern beschwören. Auf weite Strecken ist nichts als brandige, verkohlte Erde. Kein Grashalm bedeckt den Boden. Die Bäume, meist Tannen, Kiefern, Birken, stehen schwarz und dürr und bloß. Nichts duftet nach Harz, nichts nach Erde, nach Kraut und Busch. Es ist die große Stille. Grabesstille, Friedhofsstille. Sehr weit, sehr fern ruft eine Kuh, Urton der Schöpfung. In anderen Teilen dieses Totenreviers ist der Wald wieder bedeckt von Gräsern und Blumen, von Farnkräutern,

Tollkirschen und Heidekraut. Weidenröschen, parasitär weite Strecken bedeckend, spinnen ihre Herbstfäden, im Spiel von Licht und Schatten ein barmherziges Werk verrichtend. Die Zeit spinnt, der Atem der weiten Welt, der Kosmos, nie begonnen, nie beschlossen. Das bleiche Gebein hat es gut.

Der Major sagt: »Passen Sie auf! Im Jenseits ist man schnell.« Wieviel hunderttausend Minen liegen noch im Hürtgenwald? Wieviel ungeborgene Tote liegen noch hier? Man weiß es nicht.

Die Kompanie des Majors hat von August 1945 bis August 1946 80000 Minen beseitigt, davon im Kreise Düren 55000, im Kreise Jülich 15000, den Rest in den Kreisen Dülken-Erkelenz und Euskirchen. Insgesamt sind zweieinhalb Millionen Quadratmeter wirkliche Minenfelder, davon über 400000 Quadratmeter Wald, über zwei Millionen Quadratmeter Acker bereinigt. Nach der Kriegsstärkenachweisung (das gibt es noch!) hat jede Kompanie, die jetzt euphemistisch Minenräum-Dienstgruppen heißen, eine Sollstärke von 180 Mann. Sie erhalten den dreieinhalbfachen Wehrsold ihres einstigen militärischen Dienstgrades und pro Monat 60 Mark Zulage, an Verpflegung Schwerstarbeiterzulage. Der Kompanie angeschlossen und ihr unterstellt ist ein freiwilliges, siebzig Mann starkes Dienstkommando, Zivilisten aus der Umgebung, die ein Wochenlohn von rund 70 Mark und die Schwerstarbeiterzulage lockt.

An vier Tagen in der Woche sind die Männer im Gelände. Die Suche erfolgt mit dem Detektor, einem elektrischen Suchgerät. Mit der Sonde wird in geringer Höhe der Boden überstrichen, die das Eisen »wittert«. Ein Summton zeigt die Mine an, soll sie anzeigen! Glasminen spricht der Detektor nicht an. Fünf Zivilisten aus dem Dorf sind durch die Minen umgekommen, ohne die Soldaten.

Wenn der bukolische Dichter singt: »O wunderschön ist Gottes Erde und wert, darauf vergnügt zu sein« – die Minensucher singen es nicht, die zwar gelegentlich sonntags auf die Dörfer zum Tanz gehen, die aber gern das Wort bei der Hand haben: »Himmelfahrtskommando.« Sie möchten nach Hause.

Für die Katz'

Hinwiederum haben sie noch eine größere Chance als die, deren sterbliche Überreste sie hier zu sammeln den Auftrag haben, deren Gebeine hier zwischen Minenfeldern bleichen. Sonderbare Gefühle, nach einer Erkennungsmarke zwischen den letzten Resten menschlichen Wesens zu fahnden. Vielleicht liegt das Blechding noch zwischen diesem Häufchen Armseligkeit. Es wird übrigens mit großer Sorgfalt danach gesucht. Vom britischen Minen-Offizier geht es an die zuständige Suchstelle. Bei vielen freilich ist der Weg zur Feststellung der Identität völlig versperrt. Die amerikanischen Soldaten werden von einem Bergungskommando abgeholt, die Deutschen finden auf einem Soldatenfriedhof bei D'hron, im Walde unweit des Schlosses Merode an der Reichsstraße Düren–Aachen, ihr Grab.

Täglich fahren die Männer der Minenräum-Kompanien durch die Stadt Düren. Täglich sehen sie in diesen Wochen an den Ruinenresten des einstigen Düren die Ankündigung des Stadttheaters Düren. Sie lachen grimmig. Warum sollten sie es nicht tun? Denn das Stadttheater hat alles auf eine groteske und boshafte Formel gebracht. Das Stadttheater spielt: »Für die Katz'«, Lustspiel von A. Hinrichs.

(1947)

Elegie ums »Deutsche Eck«

Gott Bacchus oder das »Kowwelenzer Schängelchen«?

Der junge Goethe, stünde er wie einst bei Koblenz auf den Höhen, würde es beim Anblick dieses Panoramas sicher nicht mehr aussprechen: »Das schönste Naturbild, das mir vielleicht zu Augen gekommen ist.« Denn auf keiner der anderen rheinischen Städte ist das Verhängnis des vergangenen Krieges so spukhaft liegengeblieben wie auf der Stadt Koblenz, die einst ein Glanzstück für alle Rheinreisenden war. Hier, an der Rheinfront, war der Repräsentations- und Demonstrationswille jener bürgerlichen Jahrzehnte des Preußentums, der Bismarckzeit, der Wilhelminischen Ära am deutlichsten und eindrucksvollsten. Hier wurde augenscheinlich, daß der Rhein ein politisches Kraftfeld erster Ordnung war. Nirgendwo sind wohl so viel Festreden und Denkmalfeiern gehalten worden wir hier, wo der Rhein floß, »Träger« – wie man damals schrieb – »aller zeugenden Kräfte des deutschen Genius, Schlachtfeld und Kampfpreis in allen großen Auseinandersetzungen, geheimnisvolles Symbol des Willens zur deutschen Einheit, das Angstkind der Mutter Germania, der Schutzgeist Deutschlands«. Wir Heutigen sind etwas nüchterner geworden und möchten uns beim Anblick auch dieser zertrümmerten Stadt doch fragen, was uns die demonstrierenden Denkmäler eingebracht haben.

Wo ist das vertraute Koblenzer Stadtbild mit den Türmen von St. Kastor, St. Florian und der Liebfrauenkirche geblieben? Rund eine Million Kubikmeter Trümmerschutt schätzt der Baudezernent, wovon bisher nur 75000 Kubikmeter geräumt werden konnten. Und da Kommunalpolitiker gerne in Metaphern reden, sagte uns Oberbaurat Kockartz auch dies: Für den Aufbau dieser Stadt sind allein für den Wohnungsbau ohne den Industriesektor an Hauptbaustoffen mehr als 2,7 Millionen Tonnen notwendig, das heißt rund 185000 Güterwagen zu je 15 Tonnen, ein Eisenbahnzug von fast 1500 Kilometern Länge, gleich einer Strecke von Paris bis Königsberg. Die Zahlen, mit denen alle Städte mehr oder weniger aufwarten, sind so phantastisch, daß es keinen Sinn hat, weitere zu nennen. »Wenn das mal wieder klarkommt«, sagte uns der Rathausportier, »tun uns keine Zähne mehr weh.«

Auf dem Ehrenbreitstein, den ein eifriger Literat einmal das rheinische Gibraltar nannte, weht die Trikolore, auch an den Hotels »Rheinterrasse«, »Parkhotel« und »Koblenzer Hof« an der Rheinpromenade, die jetzt Sitz und Domizil der französischen Administration sind. Die Rheinpromenade liegt verlassen und verwahrlost. Ein großer Rheinschlepper, dessen Aufbauten als beklagenswertes Überbleibsel aus dem Strom ragen, läßt drastisch werden, daß es noch lange dauern wird, bis die Schiffahrt wieder auf volle Touren kommt. Auch die berühmte Schiffbrücke ist eine fragwürdige Angelegenheit geworden. Wer den alten Kaiser Wilhelm auf seinem Sockel am Deutschen Eck noch zu finden hofft, sucht vergebens. Weit über ein Jahr lang hing er, von amerikanischer Artillerie getroffen, kopfüber mit seinem Gaul vom Postament herunter. Und es war wohl einiges mehr als das Faktum des zerschossenen Kaisers, was da kopfüber nach unten hing. Kürzlich wurde er abgeschweißt, auf LKWs abgefahren und verschrottet. Wie eine traurige Elegie auf die Kaiserzeit steht der mächtige Unterbau aus Granitstein mit seiner zehn Meter hohen Pfeilerhalle da, und es ist noch nicht sicher, ob die Architekten, die in einem Preisausschreiben zur Neugestaltung aufgefordert sind, Gott Bacchus oder das »Kowwelenzer Schängelchen« als Denkmalsfigur inthronisieren wollen. Bacchus könnte höchstens poetisch, aber nicht politisch für eine Flasche Moselwein demonstrieren. Momentan bietet selbst an hellen Mittagen das Interieur der Pfeilerhalle den Liebespaaren Gelegenheit zu ungestörten Schäferstündchen, es sei denn, ein Zeitungsschreiber störe unbeabsichtigt das Idyll.

Viele Gedanken haben sich die 55000 Koblenzer, deren es vor dem Kriege 90000 gab, um ihre Trümmer gemacht. Sie verwerten in einer neuartigen sogenannten Aufbereitungsanlage ihren Schutt. Ein Feldbähnchen fährt unentwegt zum Goebenplatz, wenn den Arbeitern nicht gerade einfällt, daß sie statt 300 nur noch 200 Gramm Brot täglich bekommen – fährt heran, und der Schutt wird von den Kipploren auf ein Förderband gebracht, das eine schnelle Sortierung ermöglicht. Eisenteile werden ausgeschieden, die noch brauchbaren Ziegelsteine in Putzanlagen wieder gebrauchsfertig gemacht. Bis zu 15000 Ziegelsteine können hier täglich gesäubert werden. Zerbrochene, zu Bauzwecken nicht mehr verwendbare Steine kommen in einen Brecher, dort werden sie in kleine Stücke zermahlen und später nach Zusatz von Zement wieder zu fertigen Steinen oder Platten verarbeitet. Ähnlich wird mit den nicht mehr verwertbaren Bimssteinen verfahren. Zwei große Brecher stehen hierfür bereit. Nach der Zerkleinerung werden die Bimsbrocken gemahlen, mit Gipsschutt versetzt und dann zu Wandplatten gepreßt. Um ein schnelles Austrocknen der Steine zu gewährleisten, wurden transportable Dächer geschaffen, die anstelle der sonst üblichen Trockenhallen verwendet werden.

Wehmut verliert sich in nebelhafter Ferne

Allen Ernstes gab es Leute, die vermutlich noch auf irgendwelchen fragwürdigen Aktienpaketen sitzen, die diese vorbildlichen Trümmerverwertungsmaschinen bedenklich betrachteten und als eine mögliche Schädigung der heimischen Bimssteinindustrie ansahen, die im Koblenz-Neuwieder Becken ihren Sitz hat. Eine Zeitung meinte bieder, ohne den Herren auf die Finger zu klopfen, »diese Bedenken entbehren jeglicher Grundlage, denn die Nachfrage nach Steinen ist derart groß, daß die Bimssteinindustrie den ihr jetzt gestellten Anforderungen ohnehin nicht gerecht werden kann. Es gilt, alle Möglichkeiten zu erschöpfen, um Material zum Aufbau der zerstörten Städte zu beschaffen.«

Daß Koblenz der Sitz eines Rumpfkabinetts geworden ist, tröstet die Koblenzer wenig. Einst »Hauptstadt«, nämlich Sitz des Oberpräsidenten der alten Rheinprovinz, ist es einstweilen Verwaltungssitz des neuen Ministerpräsidenten Boden des neugebildeten Landes Rheinland-Pfalz. Einige Minister sitzen mit ihm im bisherigen Oberpräsidium auf der Koblenzer Rheininsel Oberwerth, einige amtieren in Mainz, einige in der Pfalz. Die Frage bleibt, ob und wann der Ministerpräsident sein Kabinett einmal unter einen Hut bekommt. In Mainz, das zur Landeshauptstadt avancierte, hat man einstweilen noch keine Unterbringungsmöglichkeit. Nichts verwehrt den Koblenzern, mit Wehmut an ihre alten Stammesbrüder in der Nordrheinprovinz in der britischen Zone zu denken, die ihnen viel näher liegen als die Rheinhessen und Pfälzer. »Früher«, sagte uns ein hoher Beamter in Koblenz, »machten wir von 100 Fahrten 99 nach Köln und nur eine nach Mainz. Heute liegt Köln für uns in nebelhafter Ferne.«

Die ästhetisierenden Schwärmer der Romantik sind ausgestorben. Kein weißes Schiff der Köln-Düsseldorfer Rheindampfschiffahrt legt mehr an. Kein Goethe, kein Brentano, kein Lord Byron wandert durchs Rheintal. Alles, Mensch, Berg, Wald und Strom, ist grau und trist geworden. Und die Hamsterer in den Zügen, die ohne Halt von Beuel in der britischen bis Rüdesheim in der amerikanischen Zone durchfahren, möchten wohl gelegentlich eine traurige Elegie anstimmen. Nicht die Loreley von Heine. Es ergeht ihnen wie Heines Grenadieren. Auch sie ließen bekanntlich die Köpfe hängen.

(1946)

Eine Residenz a. D.

Barocke Schuttberge

Dies war im verflossenen Spätsommer vielleicht das versöhnlichste an dem unterweltlichen Panorama der Stadtzerstörung: daß die Trümmer, die auf weite Strekken der Innenstadt nicht einmal mehr Ruinen, sondern flachgewalzte Schutthalden sind, von hellpurpurroten Weidenröschen überwuchert wurden. Es war, als ob dem Tode, der hier seine Opfer von jenem bösen 22. Oktober 1943 noch vielhundertfach unter dem Schutt begraben hat, eine gewisse Pietät innewohne, ein Restchen hilfreicher Gnade und Freundlichkeit. Große Straßengevierte dieses Irrgartens Kassel waren über jedes vertraute Maß hinaus von Weidenröschen überwuchert, die hier eine der großartigsten Taten vollbrachten: barmherzig und wohltätig zuzudecken, was Menschenwerk zerstörte. Aber wer wollte bei folgendem Intermezzo ein Lächeln unterdrücken: Als aus einer Kirche fromme Liturgien ertönten und ein Brautpaar, er mit Schwalbenschwanz und Zylinder, sie in strahlendem Weiß, feierlich und ernst aus der Kirchentür trat und der Straßenbahnschaffner meinte: Das Leben gehe doch weiter, wie man sieht. Unmöglich, diese tiefsinnige Feststellung zu bestreiten. Unmöglich, diese Phase friedlichen Aufbauwillens nicht zur Kenntnis zu nehmen. Es geht wirklich weiter, das Leben. Auch in Kassel.

Wo ist das barocke Gesicht Kassels geblieben? Wo der Friedrichsplatz mit Landesbibliothek und Staatstheater? Wo die »Schöne Aussicht« mit ihrer Front von Palästen der Klassik?

Kassel hatte ein schönes Gesicht, wenn auch Preußen-Deutschland nach den siebziger Jahren zu »formen« begann, was indessen eine nichtssagende Formung blieb. Das siegstrahlende, demonstrierende, repräsentationsbedürftige Kaiserreich baute, aber es verstand nicht zu bauen. Die alten kurhessischen Landgrafen mochten ihre Eigenheiten gehabt haben, aber sie wußten, daß es vorteilhaft war, den Genius zu bewirten, und der Genius baute rechtschaffen für sie. Bronzene Adler und Löwen, Kanonen und Gewehre zogen im Kaiserreich ein. Nur das Rathaus und im Westen die Stadthalle mochten etwas von Bauweisheit verraten. Das Rathaus ist schwer angeschlagen. Tiefsinnig liegt im Vorraum des Rathauses seine Jünglingsskulptur von Klimsch und betrachtet ratlosen Gesichts die Tagesordnungen der Spruchkammern für die politische Befreiung, die hier öffentlich aushängen. Die Stadthalle ist nicht allzu schwer beschädigt. Aber was die klassizistischen Bauten angeht, die einst das Gesicht der Stadt prägten, die sind unwiderruflich dahin.

Wo früher der barocke Zierat lustig winkte, da liegen heute Schuttberge.

Man täte den Kasselanern Unrecht, wollte man sagen, sie packten nicht mit beiden Händen an. Es ist keine abwartende Haltung, die man hier und da wohl in einer Stadt anzutreffen vermeint. Sie haben es schwerer als in mancher anderen zerstörten Stadt. Kassel ist zu 80 Prozent zerstört. Auf den Kopf der Bevölkerung kommen je fünfzig Kubikmeter Schutt, eine Zahl, die nur von Köln übertroffen wird, wie uns Oberbürgermeister Seidel erklärte. Früher verfügte Kassel bei 225000 Einwohnern über 65000 Wohnungen, jetzt sind es bei 132000 Einwohnern noch 17000, wobei die Amerikaner und die UNRRA 2000 mit Beschlag belegt haben. Seit März 1946 sind die Kasselaner in einem wechselnden Turnus bei der Schuttbeseitigung. Was ein Schuttberg von sechs Millionen Kubikmetern bedeutet, ist unschwer zu erraten. Vom Schutt befreit wurden bisher von den wichtigsten Straßen der Innenstadt unter anderem Friedrichsplatz, Obere und Untere Karlstraße, Opernstraße, Theaterstraße, Wolfsschlucht, Garde-du-Corps-Platz, Königstor, Obere Königstraße, Fünffensterstraße, Wilhelmstraße, Ständeplatz und Gießbergstraße. Die Kipploren fahren zur »Schönen Aussicht«, wo man den Schutt zur Karlsaue hinunterkippt, solchermaßen aus der Not eine Tugend machend. Die Karlsaue kann die sechs Millionen Kubikmeter aufnehmen, ohne den Charakter der »Schönen Aussicht« zu verändern. Wie man die Innenstadt aufbauen will? Sie setzt eine großzügige Planung, die Neuordnung der Bebauung eine Neuordnung des Grundbesitzes voraus. Das innerstädtische Verkehrsnetz – Straßen und Straßenbahnen – ist nach neuzeitlichen Gesichtspunkten völlig neu zu ordnen und dabei städtebaulich die hervorragende landschaftliche Lage Kassels in Betracht zu ziehen.

Eine große Rolle wird das Problem des Hauptbahnhofes, ob Kopf- oder Durchgangsbahnhof, spielen. Wird es zwanzig, dreißig, fünfzig Jahre dauern? Wird ein Menschenleben darüber hingehen? Niemand vermag es zu sagen.

Übelwollende sprechen gelegentlich etwas spöttisch von den blinden Hessen. Sie sollten sich den Wiederaufbau Kassels einmal ansehen.

Die Nachfolger Scheidemanns

Die politische Willensbildung in dieser einstigen kurhessischen Residenz, worauf sie sich übrigens einiges zugute tat, ist mindestens für das jetzige Großhessen symptomatisch. Schon zur Zeit, als Philipp Scheidemann hier als Oberbürgermeister residierte, war Kassel eine Domäne der Sozialdemokratie. Selbst das heutige Bürgertum, dem ein paar Jahrhunderte früher ein Namensvetter Scheidemanns, Philipp der Großmütige, die Reformation brachte, tendiert mit großen Teilen zu dieser Partei. Die im verflossenen Sommer durchgeführten Stadtverordnetenwahlen brachten ihr eine absolute Mehrheit. Von fünfzig Stadtverordnetensitzen fielen der SPD nicht weniger als dreißig zu. Schon dieses Beispiel mag andeuten, wie sehr sich der politische und gesellschaftliche Konservativismus, der einst für Kassel bezeichnend war, verändert hat. Die gesellschaftliche Strukturveränderung, die Enterbung auch des saturierten Bürgertums liegt hier offen zutage. Der Spruch der Geschichte hat selbst Intellektuellenkreisen – in Kassel wurde es nicht wenig deutlich – einen andersfarbigen Stimmzettel in die Hand gedrückt. Kassel war einmal Residenz. Schmerzlich empfinden sie es, daß alle großhessischen Zentralbehörden nach Wiesbaden übersiedelten; nicht weniger schmerzlich, daß die Stadt durch die Zonengrenzen in eine schlimme wirtschaftliche Zange geriet.

Den alten Christoffel gibt's noch

Die Sonne scheint dem Habichtswald am schönsten anzustehen, selbst jetzt in dieser späten Jahreszeit. Aber selbst sie bringt nicht das Kunststück fertig, Wilhelmshöhe seine alte Aureole aufzusetzen. Oben steht zwar, unbeschädigt vom Kriegsgetümmel, Gebirge und die Wolken teilend, der Herkules, der alte Christoffel, wie ihn die Kasselaner vertraut nennen. Wenn wir ihn nicht mehr so zauberhaft finden wie einst, so liegt das daran, weil gerade momentan die Kaskaden streiken. Ein paarmal im vergangenen Sommer haben sie ihre Pflicht getan und sind hinuntergestürzt, zum Entzücken nicht nur der Kasselaner, die nicht wußten, wie ihnen geschah, sondern auch der amerikanischen Soldaten, die ihre Leicas bereithielten. O.k., sagten die Boys ihren Mädchen, die auch hier wissen, wo Barthel den Most holt, aber unsere Niagarafälle sind imposanter, oh, yes, viel, viel imposanter. Mehrmals erlaubte die Stadt, daß auch die große Fontäne ihre Wasser 50 Meter hoch emporschleuderte. Und dabei promenierten die Kasselanerinnen mit ihren prächtig ernährten Jungs vom Lorenzstrom durch die leicht zerrupften Wilhelmshöher Parks, wo immer noch die alten Zedern und Platanen dekorativ stehen und lauschen und raunen. Aber dies eine vermißt der Fremde, jene traulich erhebenden Schildchen an ihren Fenstern, das früher nirgendwo fehlte: »Hier können Familien Kaffee kochen!« Das vermißt er, dieses rührende poetische Aperçu, das einst Kassel nicht weniger berühmt machte als seine Lokomotiven und sein Rippenspeer.

(1946)

»Ha no, d'r Schwob!«

Ein lehrreiches Schulbeispiel

Stuttgart bemüht sich, das Ansehen von Überlegenheit zu geben. Man erfährt gelegentlich, was die Schwaben für ein besonders tüchtiger Menschenschlag sind, und die Stuttgarter, die besonders gute Lokalpatrioten zu sein behaupten, sagen das alles mit einer spontanen und großzügigen, oft rührend-ungestümen Freundlichkeit. Und in der Tat: Das Beispiel dieser Stadt müßte ein lehrreiches Schulbeispiel für manche andere Stadt sein.

Doktor juris Arnulf Klett, Rechtsanwalt, 41 Jahre alt, parteilos, will sagen, ohne an eine Partei gebunden zu sein, wie er sagt, ein Schwabe von Geblüt und nach seinem ganzen Temperament, ein gutaussehender Mann, energischen Gesichts mit gebändigten Linien, von einer gewissen Prägnanz, eine lustige Fliege als Krawatte mag seine Unternehmungslust unterstreichen, wurde im Juli d.J.als Oberbürgermeister gewählt, nachdem er schon seit dem Einzug der Besatzung die Geschäfte des Stadtoberhauptes geführt hatte. Für ihn stimmten 26 Stadtverordnete der CDU, der Demokratischen Volkspartei und die Freie Wählervereinigung. Die SPD, die weitaus stärkste Fraktion, stimmte für ihren Fraktionsvorsitzenden Gehring, der auch die Stimmen der vier Kommunisten erhielt. Um Nasenlängen sozusagen, mit 26 gegen 21 Stimmen, schlug Herr

Klett seinen Gegner. Die Wahl war eine Zangengeburt. Acht Wochen erbitterter Kämpfe mit beiderseitigen Polemiken gingen ihr voraus. Nun sitzt Herr Klett, »der Mann des Tempos, der Mann der Energie, der Mann mit dem Blick für Dinge, der Mann mit der bombensicheren Gesundheit«, wie ihn »Das Wespennest«, die politisch-satirische Wochenzeitschrift Stuttgarts, persiflierte, im Sattel.

1938 hatte Stuttgart 450000 Einwohner, beim Einmarsch der Besatzung (seit 150 Jahren kamen erstmalig fremde Truppen in die Stadt) waren es noch 230000, jetzt ist die Zahl von 400000 wieder überschritten. Die Zerstörung ist erheblich. Von den 63000 Gebäuden sind nur 2000 unbeschädigt. Die Hälfte der 150000 Wohnungen ging völlig verloren. Die Kesselstadt, das heißt das Viertel der Regierungsgebäude, Museen und Theater, der Geschäfte, Hotels und Gaststätten, ist zu 65 Prozent zerstört; Gesamtzerstörung: 55 bis 60 Prozent. Wenn man die Staffeln hinauf auf die Hügel steigt, die die Stadt emporklettert, sieht man noch manch erhaltenes, wenn auch mehr oder weniger stark beschädigtes Wohnhaus. Die aufgelockerte Siedlung an den Hängen hat ausgedehnte Flächenbrände verhütet. Die Straßen sind aufgeräumt. Die Trümmerbeseitigung ist auch hier die Grundvoraussetzung aller Aufbauart. Aus wirtschaftlichen Zweckmäßigkeitsgründen findet der Einsatz größerer Bevölkerungsteile wie die Heranziehung ehemaliger Pg oder der freiwillige Einsatz von Handel, Gewerbe, Industrie und Behörden schon seit langem nicht mehr statt. Die jetzigen Arbeiten werden vom städtischen Tiefbauamt durchgeführt. Die neu gegründete Zentrale für den Aufbau der Stadt wird demnächst die Generalplanung und verschiedene Teilbebauungspläne in Angriff nehmen. Vorgesehen sind zwei Wettbewerbe für das Gebiet Cannstadt (am Wilhelmsplatz und am Kursaal) und zwei Wettbewerbe im Stadtzentrum (Olgabau bis Girokasse und Schloßgartenüberbebauung). Erstaunlich hoch ist die Zahl der bis jetzt instand gesetzten und beziehbaren Wohnräume. Sie beträgt mehr als 25000. Stuttgart ist die Hauptstadt von Württemberg-Baden geworden, eine Tatsache, da nur 28 Prozent der öffentlichen Gebäude nicht zerstört sind, die einen erhöhten Bedarf an Behördenräumen erfordert. Es gibt nicht eine einzige Straßenbahn, wo Menschentrauben auf den Trittbrettern hängen, obwohl die Bahnen die selbst im Frieden nicht erreichte Zahl von 522000 (!) Personen täglich befördern. Daß abends auf 40 Kilometer Länge mit weit mehr als 1000 Lampen im Tal und auf den Höhen die Straßenbeleuchtung wieder aufflammt, selbst in den Randgebieten, ist ein ebenso erstaunliches wie frappierendes Wunder, wenn man bedenkt, daß mehr als 500 Bombentrichter schwerste Straßenzerstörungen verursacht hatten. Strom, Gas und Wasser sind jetzt überall vorhanden. Die wirtschaftliche Entwicklung hat natürlich in Auswirkung der Kontrollratsbestimmungen mit erheblichen strukturellen Verschiebungen zu rechnen. Der Umsatz der Firmen mit mehr als 25 Beschäftigten betrug im Oktober vergangenen Jahres 15,9 Prozent, jetzt wieder mehr als 30 Prozent gegenüber 1938.

Allein 80 Verleger und mehr als 70 Zeitschriften sind für Stuttgart lizenziert. Das freudige Hali-Halo im literarischen Blätterwald, die Unternehmungslust im freien Spiel der Kräfte ist bewunderns- und beneidenswert. Es geht bei den Zeitschriften von der gepflegten Gesellschaftszeitschrift bis zum »Holzzentralblatt«, von der Illustrierten über die Jugend- und Frauenzeitschrift, den Zeitschriften für wissenschaftliche und klinische Medizin bis zur »Christengemeinschaft«. Der Querschnitt durch das Verlagsverzeichnis bietet eine komplette Geistes- und Kulturgeschichte unserer Tage. Ein ängstliches Unbehagen kann der Fremde kaum unterdrücken. Ob sie alle Papier haben? Das Kommerzielle scheint jedenfalls erfreulich, denn wie sonst könnte man soviel Geld ins Verlagsgeschäft stekken. Unnötig zu sagen, daß sich die Spreu vom Weizen schon zu trennen beginnt. Von bestem Niveau sind bei den Zeitschriften der »Pinguin« (bei Rowohlt, Herausgeber Erich Kästner), die »Stuttgarter Rundschau« (Dr. Riederer-Verlag, Herausgeber Paul Groß-Talmon), »Der Standpunkt« (Erwin Schmidt), »Die Wochenpost« (Karl Mayer-Verlag), »Die Welt der Frau« (Deutsche Verlagsanstalt, Herausgeber Annemarie Weber) und das politisch-satirische »Wespennest« (G. Heidorn), um nur einige zu nennen. Auch der »Kosmos« (bei Franckh) ist in altem Gewand wieder da. Alles geht ab wie warme Semmeln, und nur mit sehr freundlichen Worten kann sich der Fremde beim Buchhändler ein Exemplar ergattern. Nur ein paar Verlegernamen – Rowohlt, Franckh, Kohlhammer, Deutsche Verlagsanstalt, Engelhorn, Wunderlich, Cotta und der medizinische Verlag Thieme, der von Leipzig über Wiesbaden kommt – mögen andeuten, daß das Bild eine erfreulich geistige Prägnanz besitzt. Die Stadt Stuttgart, die schon seit den Tagen unserer Klassiker einen bedeutenden Ruf als Verlegerstadt und qualitativen Drukkes besitzt, empfindet es als eine moralische Verpflichtung, diesen Ruf zu behalten.

Polizeimann 0802

Stuttgart bemüht sich, sagten wir, sich das Ansehen von Überlegenheit zu geben. Es ist wahr, es kann einen Vergleich mit anderen Städten in jeder Beziehung aushalten. Wir sagten es dem Polizeimann 0802, der uns Auskunft gab. »Ha no, d'r Schwob!« antwortete er, andeutend wahrscheinlich, daß das mit den Sieben Schwaben ins Reich der Fabel gehöre. Dies allerdings konnten wir ihm nicht mehr zur Kenntnis geben: Im Souterrain bei Marquardt, im Bierkeller, wie er sich nennt, wo wir »Spätzle« aßen, nahm einem Rotkreuz-Losverkäufer, der laut seine Lose für eine Blindenlotterie offerierte, von 52 Anwesenden nicht ein einziger ein Los ab. Wäre es hier nun nicht für uns an der Zeit zu sagen: Ha no, d'r Schwob? Aber wir möchten nicht das letzte Wort behalten, denn: 's Schwobenländle isch a schönes Ländle!

Kartoffeln, Karneval, Kohlenklau, Korruption und Kungel

Es möcht' kein Hund so länger leben ...

Das Faust-Zitat und die Flasche Kupferberg Gold

»Es möcht' kein Hund so länger leben.« Dieser vortreffliche Satz des Doktor Faust steht im Büchmann. Aber da hätten wir ihn nicht erst zu suchen brauchen. Denn als wir in das Abteil des Kartoffelzuges eingekeilt und eingequetscht waren wie die Schafe in den Pferch, öffnete sich auf die Frage, wie es ihm gehe, der Mund eines Reisegenossen, der nun dieses geflügelte Wort entließ. Und da hörten wir nun, daß dieser Reisegenosse der Herr Frederick war vom Theater, der das erste Mal über Land ging zwecks Kompensation, weil er die kommenden Monate fürchtete und schon jetzt das apodiktische Resümee zog, das einst Faust gezogen hatte, ehe der Geist ihn anrief. Es möcht' kein Hund so länger leben! Es wäre vielleicht richtig, schon jetzt zu sagen, was Herr Schauspieler Frederick in seinem abgeschabten Köfferchen mit sich führte. Es war eine Flasche Kupferberg Gold. Diese Flasche, um es ohne Umschweife zu sagen, wollte er verkungeln, und zwar gegen Kartoffeln. Sein Gesprächspartner fand es famos, und als er nun hörte, daß Herr Frederick fünfzig Pfund dafür haben wollte, sagte er, weil er was davon kannte, Herr Frederick solle sich nicht in die Finger schneiden. Dann fuhr der Kartoffelzug los. Indem er nun losfuhr, senkte sich spürbar die bekannte Kartoffelzugatmosphäre über die Volksgenossen. Und das war natürlich, wie sich denken läßt, keine kultivierte Mittelmeerreiseatmosphäre aus einem Hamburg-Südamerika-Prospekt, denn es roch beträchtlich und durchdringend nach armen Leuten. Drei kleine Jungen traten die Reise mit Bahnsteigkarten an, sprachen wie Kölsche Rabauken und sahen aus wie Besprisornis. Der Zug fuhr.

In solchen Zügen sollte man möglichst hie und da ein Stück Gespräch aufschreiben oder eine sich zufällig stellende Szene festhalten. Dieser Mann zum Beispiel mit seinem Seehundbart sah wie der Vater bei e.o. plauens »Vater und Sohn« aus, und seine Frau, die neben ihm saß, könnte ganz gut Elisabeth Flickenschildt heißen. Ein junger Mann hatte ein junges Fräulein auf den Schoß genommen, weil es beim besten Willen nicht anders ging, seine Arme etwas frei und demokratisch um das Wesen gelegt, was er allerdings hätte sein lassen können, zumal so, wie er es gerade tat, und die Flickenschildt sagte dieserhalb zu ihrem Mann hinüber, als ob das Kartoffelthema erst in zweiter Linie komme und nicht vordringlich wäre: »Sodom und Gomorrha.«

In den Gepäcknetzen lagen mehrere drei- und vierzinkige Hacken, mit altem Sackleinen zugebunden, weil es so die Eisenbahnverwaltung vorgeschrieben hat. Ein Mann hatte seine Hacke zwischen die Beine geklemmt, und er sah aus wie Goethes Wanderer vom Gebirg, bis eine Frau sagte, er möge gefälligst die Zinken von ihren Füßen wegnehmen. Das Wort »gefälligst« ist in Zugabteilen meist das Wort, womit gegenseitige Beschimpfungen eingeleitet werden. Aber dieser Mann bat überraschend um Entschuldigung. Es war der einzige Mitreisende im Abteil, der Vertrauen erweckte. Er hieß uns hoffen.

An der achten Station haben wir den Zug verlassen. Auch die drei kleinen Bahnsteigkartenpiraten hatten ihr Ziel erreicht und schlugen sich über die Gleise seitwärts in die Büsche. Diese drei waren keine Engelsgeschöpfe von Bildern aus der Frührenaissance, sondern, wie wir schon sahen, Besprisornis. Sie hatten ein beachtliches Mundwerk und verhehlten dies nicht, als ihnen ein Eisenbahnpolizist etwas nachrief. Der Zug fuhr ab, neuen Dörfern und neuen Abenteuern entgegen. Und wir standen nun da. Die Kartoffelhacken, die die Leute trugen wie Neptun den Dreizack, waren nicht zu zählen.

Obwohl am Bahnhof ein Plakat hing mit dem Hinweis, dies sei Sperrgebiet und das Betreten strafbar, ergoß sich ein unübersehbarer Menschenstrom aus dem Maul des Bahnhofes. Selbst ein Plakat, daß dies Land hier völlig vermint sei, würde niemand abgehalten haben. Es war eine Hungerkarawane, die sich aus dem Bahnhof ergoß. Wir sahen auch Herrn Frederick mit seiner Baskenmütze, der sicher wieder im Faust nach einem passenden Zitat angelte. Da ging er nun, der arme Tor! Wohin sollte er gehen? Hoffentlich würde er seine Flasche los.

Kleines Gemälde des Dorfes

Es liegt ernst und schweigend da. Nur manchmal, wenn über ihm die dicken Kumulusballen der Wolken gleichmütig und zeitlos dahinwandern, die weit drüben vom Kanal, von den Ardennen, von Brabant herüberkommen, überzieht ein wenig weltverlorene, ruhige Lebenssicherheit das Dörfchen, gemengt mit etwas weltverlorener Heiterkeit. Aber den ganzen Sommer über gab es keine Kumulusballen, nicht im geringsten. Die liebe Sonne brannte, brannte, brannte auf das Dorf, schmerzhaft und gnadenlos. Sie versengte die Viehweiden, die Felder, die Gärten, und sie versengte selbstverständlich auch die Gemüter. Es schien Kurzschluß mit dem Himmel, wochenlang, monatelang. Auch die Bauern, die sonst die dicksten Kartoffeln und gemäß Sprichwort sonst noch eine Eigenschaft dazu hatten, ernteten diesmal nur ein kleines, murksiges Kroppzeug. Derweil verreckten die Bohnen. Der Grummet, der zweite Grasschnitt, blieb aus. Das Kartoffelkraut welkte dahin. Das Obst blieb klein. Dürre! sagte das Radio, Dürre! schrieben die Zeitungen.

Es waren die Augenblicke, wo es darauf ankam, daß sich Wolken herbeiließen. Sie ließen sich nicht herbei. Die Wasserleitungen und Brunnen streikten, die Kühe streikten mit der Milchhergabe und schrien vor Hunger auf den versengten Weiden. Die übliche Milchschwemme im Juli und August blieb aus. Die Kühe wurden ein wenig verlegen unterm aufmunternden Blick der Bauern. Und die Bauern legten ab und zu die Hand über die Augen und schauten gen Westen. Nichts, nichts rührte sich da.

Aber die Bauernhöfe blieben der Umschlagplatz für Handel und Wandel, für Tausch, Kompensation, Maggeln und Kungeln. Von weit her aus den Städten, aus dem Ruhrgebiet, aus dem Bergischen Land kamen sie in abgewetzten Kleidern mit Kreissägen und Trummsägen, mit Manikürekästen und Stoffen für Sommerkleidchen, mit Schlipsen und Nescafé aus Care-Paketen. Und sie taten ihre Sprüche, die Menschen, unterwürfige und grobe, servile und drohende.

Nicht so dick wie im Vorjahr

Auf dem Kartoffelacker ist die Ernte im Gange. Zweispännig führt der Bauer den Kartoffelpflug, schreit »hüh!« und »ha!« und »hott!« oder so ähnlich, und hinter ihm raffen die Leser die Kartoffeln in Drahtkörbe. Die Leser sind Leute aus dem Dorf. Ostflüchtlinge und meist Frauen und Mädchen. Wenn der Drahtkorb voll ist, wird er auf die Karre entleert. Die Kartoffeln sind nicht so dick wie im Vorjahre, o nein, auch nicht so zahlreich.

Am Fahrweg neben dem Kartoffelacker lagern seit zwei Stunden etwa fünfzig bis sechzig Menschen mit matten und unguten, aber begierigen Gedanken. Es sind Menschen, denen man ansieht, daß sie nicht zum Dorf gehören. Es sind Menschen mit reichlich ausgemergelten Stadtgesichtern, Normalverbrauchergesichtern. Es sind die, die vorhin den Zug verlassen haben. Frauen und Kinder und ein paar Männer. Die meisten haben die Hacken neben sich liegen.

Es kommen zwei Frauen vom Dorf. An den Lenkstangen ihrer Fahrräder hängen zwei große Milchkannen und zwei große Taschen. In den Kannen ist der Kaffee, in den Taschen die Nachmittagsvesper für die Kartoffelleser. Nun setzen sich die Leser und Leserinnen rund um das Pfluggespann und beginnen mit der Vesper. Einige von den Leuten auf dem Fahrweg müssen wegschauen und schlucken, weil sie sonst Magenkrämpfe befürchten müssen. Sie kauen statt dessen etwas an Grashalmen und schicken den Blick zu den blaubraunen Bergsäumen am Horizont, von denen einer meint, das müsse schon die Eifel sein. Es ist ein seliger, unseliger Herbstnachmittag mit gelegentlich einem kleinen Quantum Sonne.

Die fünfzig bis sechzig Fremden bilden eine Art Hungerbrigade, denn sie können sehen, da sie nahe bei dem Dorfkollektiv lagern, daß jeder zwei Doppelschnitten mit Butter und Kraut und vier Doppelschnitten – Verzeihung! – mit echtem Schinken herzhaft und verdientermaßen verdrückt. Der Bauer muß ein Monitum einstecken. Eine Kartoffelleserin sagt: »Auf dem Schinken ist noch nicht mal Butter drauf, wat sagt Ihr dazu?« Der Bauer sagt dazu, sie hätten jetzt so wenig Butter, die Kühe ständen fast alle trocken. Gut nun!

Nach einer weiteren Stunde ist der Erntetag beendet. Es ist gegen fünf.

Der Bauer spannt die beiden schweren Belgier vor die Egge, das Feld wird abgeeggt. Vier Leserinnen hinter der Egge, auf und ab, auf und ab. Er will noch ein zweites Mal das Feld abeggen, da passiert das Abgründige und Unheimliche.

»He«, schreit eine Frau von der Hungerbrigade, begleitend unterstützt von einigen anderen Frauen, »wollt Ihr nit en paar liegen lassen? Wat meint Ihr dazu?« Es klang drohend. Der Bauer meinte dazu, und das hätte er vielleicht besser nicht gemeint, das ginge sie gar nichts an. Dies nun waren, wenn man es im Bilde sagen will, die Sekunden zwischen Blitz und Donnerschlag. Dies hätte er also besser nicht gesagt, daß es sie nichts anginge.

Als er in diesem Augenblick am Feldweg sein Gespann wenden wollte, faßte ihn die Frau, die das Wort führte, unmißverständlich am Arm, schwang mit der Rechten ihre kurzstielige Hacke über des Bauern Kopf und sagte wahrhaftig, sie würde ihm dies Ding in den Kopf schlagen, wenn er ein zweites Mal das Feld nachlesen lasse, was jetzt noch liege, gehöre ihnen, den Leuten aus der Stadt. Der Bauer wurde weiß, wenn ein braungebranntes Bauerngesicht weiß werden kann. Er zitterte. Mit einem Ruck schüttelte er das Weib ab, riß an der Zügelleine, mehr instinktiv, und die erschreckten Pferde, unruhig geworden, standen plötzlich in dem aufkreischenden Schwarm der Städter. Hätte in diesen Sekunden die Vernunft alle verlassen, und es stand drauf und dran, dann wäre der Bauer, dem der Zorn eine dicke Ader auf die Stirn getrieben hatte, totgeschlagen worden. Der Haß war plötzlich nackt zwischen ihnen wie ein Reptil, ein funkelnder, gefährlicher, maßloser, entschlossener Haß. In diesem Augenblick sprang der Bruder des Bauern, der vor einem halben Jahr aus dem Ural heimgekehrt war, dazwischen, schirrte ohne lange Überlegung die Pferde aus der Egge und sagte zu seinem Bruder: »Laß sie, sei vernünftig!« Wie ein Rudel gewalttätiger, gieriger Ratten stürzte die Menge nun aufs Feld, zur letzten, gründlichen Nachlese.

Kain erhob sich wider seinen Bruder Abel und schlug ihn tot, wie Moses schon in seinem ersten Buch der Nachwelt hinterließ. Und dieses begab sich, da sie auf dem Felde waren. Es wiederholt sich also, wie wir sehen, seit dem Sündenfall ziemlich alles in dieser Welt. Auch vom Totschlag auf dem Feld ist es nicht mehr weit weg, Bruder gegen Bruder, Menschenbruder gegen Menschenbruder. Es ist alles schon dagewesen, pflegte Rabbi Ben Akiba zu sagen.

Über die Landstraße sah man in diesem Augenblick das Polizeiauto fahren, die Streife. Die Polizei kontrolliert neuerdings nur noch die Autos. Den Fußgängern kehrt sie den Rücken zu.

Die Burg hat einige Jahrhunderte auf dem Buckel. Sie sieht wie ein gerupfter Landsknecht mit düsterer Miene aus, an dem man ermessen kann, was das Wort »historisch« bedeutet. Um die uralte Fortifikation ist ein Graben gezogen, ein schmuddeliges, stehendes Gewässer, in das sogar die Gänse und Enten nur bei dringendem Bedarf hineinsteigen. »Niederrheinische Wasserburg« steht in einigen Büchern über diese Burg, dazu sehr beachtliche Jahreszahlen. In einem Gärtchen im Innenhof stehen noch die allerharmlosesten Blumen: Astern, Klematis, verblühte Königskerze und ein dicker Kürbis mit einem eingeritzten Namen.

Besitzer der Burg ist ein altes, rheinisches Adelsgeschlecht. Der Graf, Patronatsherr der Dorfkirche, ist gestorben, seine Frau, die Gräfin, einem ebenso alten Adelsgeschlecht entstammend, Schwester eines Jesuitenpaters, ein merkwürdiges Gemisch von Einfachheit und Aristokratie, Generosität und Katholizität, hat das zur Burg gehörende Land, rund zweitausend Morgen, fast restlos an die Bauern verpachtet.

Manchmal sieht man sie im offenen Landauer, das Verdeck heruntergeklappt, zur Bahn, zur Post oder in die nahe Kreisstadt fahren. Ihr einziger Sohn kehrte vom Feindflug im Osten nicht zurück. Seitdem schleicht sie wie ein verhärmtes, schemenhaftes Wesen durch die Burg.

Die Anschauung der Welt hat sich geändert. Auch zur Burg kommen die Hungerleider aus der Stadt. Auch in der Burg werden Kartoffeln gegen Nähgarn, Kartoffeln gegen Melkeimer, Kartoffeln gegen Schuhe kompensiert. Die Zeitungen haben auch hier ein beunruhigendes Wort hineingetragen: Bodenreform. An sieben Arbeiter im Dorf hat die Gräfin schon vor Jahren, als diese Sache erstmals diskutiert wurde, Grundstücke mehr verschenkt als verkauft, je zwölfhundert Quadratmeter groß, teils mit aufstehenden Obstbäumen, mit der Auflage, sich ein Haus zu bauen. Auf zwei Häusern wehen bereits die bunten Bänder des Richtbaumes. Auf den Häusern lastet nun eine kleine Hypothek, auf den Leutchen die Ungewißheit, was die in Aussicht gestellte Bodenreform bringen wird. Man hat hier ein Beispiel für die Tücke der modernen Nächstenliebe.

Während Dr. Heitmüller über Reparationen spricht

In der Küche rappelt bereits das Spülgeschirr. Der Bauer sitzt einen Moment am Fenster, den Hut auf dem Kopf, und hält mit einem Streichholz in den Zähnen Nachlese. Das Radio läuft für nichts und wieder nichts. Der Bauer hört mit halbem Ohr Doktor Heitmüllers Kommentar über Reparationen, was nichts Gutes sein kann. Draußen kriecht der erste Abendschatten in den Hof. Da kommt ein Kind hereingestürmt, ein Mädchen, und sagt hastig in der ripuarischen Mundart dieser Gegend mit dem reichen akzentuellen niederrheinischen Ausdruck: »Bur, bei üch sin se mem Auto om Feld an de Aedäppel (Kartoffeln), minge Papp hät et jesinn!«

Befehl an die Frau, die Polizei anzurufen, worauf sich der Bauer und der Knecht auf die Fahrräder schwingen, denn bis zum Rottfeld sind es zehn Minuten zu Fuß. Der Hofhund Hasso und ein Knüppel werden mitgenommen, wer weiß, wofür es gut ist. Lützows wilde Jagd wird man sich ähnlich vorzustellen haben. Aber gleich hinterm Dorf sitzen sie ab, der Bauer ist etwas in Schweiß gekommen. Hasso hat gerade eine Kette Feldhühner hochgemacht, und dann sagt er, der Bauer, zum Knecht, und indem sehen sie beide tatsächlich von weitem einen LKW im ersten Dämmerschein auf dem Kartoffelacker. »Wofür?« sagt der Bauer. »Sollen wir uns vielleicht die Knochen kaputtschlagen lassen für die paar Kartoffeln?« Der Knecht ist innerlich schon lange dieser Meinung. Es sei unerhört, sagt er, aber verstehen könne man es ja letzten Endes, oder nicht? Dann sehen sie von weitem, wie sechs, sieben, acht ausgewachsene Mannskerle den Kartoffelacker plündern und ernten, was sie nicht gesät haben. Dann sagt der Knecht, Gott der Herr muß sie alle ernähren. Ein Sperber streicht im Tiefflug die Straße entlang und will, vielleicht weil er Hunger hat, noch schnell ein letztes, unschuldiges Vöglein verzehren. Ja, ja, so ist das in der Natur, im Leben, so ist es überall. Von der Menschheit Höhen ist man heruntergestiegen. Der Hunger scheint den Diebstahl zu sanktionieren und zu legalisieren. Sie sehen, wie die Plünderer aufsitzen, der Wagen erreicht die Straße. Der Fahrer bringt den schweren LKW auf vierzig, fünfzig Sachen und rattert an dem Bauern und seinem Knecht vorüber. Sie schauen noch beide auf die Wagennummer, aber sie können nicht mehr lesen als Nr. 65 ... Weiter kommen sie nicht. Obendrauf thronen die zu allem entschlossenen Männer, sehen aus wie die Mitglieder eines Exekutivkommandos und würden dem Bauern nicht gestattet haben, sie bei ihrem Tun zu stören. Mitten durch das Dorf fährt der Lastwagen.

Die Frau sagt nachher etwas spitz, die Polizei sei unpäßlich gewesen. Der Mann am Apparat habe gesagt, in diesen Fällen sei leider nicht viel zu machen, es sei aber auch momentan kein Beamter da. Aber als die Bauersleute schon zu Bett gehen wollten, kam die Streife doch noch vorgefahren. Ob er, der Bauer, sich wenigstens die Nummer notiert hätte? Nr. 65? Mehr nicht? Nr. 65 sei Nordrhein, Stadtkreis Köln, ja, da könne man sich ja einiges denken.

Am nächsten Morgen überschlug der Bauer den Schaden mit 25 bis 30 Zentnern, die sie ihm ausgemacht hatten. Der Beamte notierte sich noch das Maß der Wagenspuren und beschlagnahmte eine zurückgelassene Hacke. Er sagte, so was könne mal ein wichtiger Indizienbeweis sein. Die Polizei ist wirklich auf der Höhe, dachte der Bauer bei sich.

Fast anderthalb Zentner

Gibt es agrarische Fakten, bei denen nicht »einerseits« und »andererseits« zu sagen wäre? Einerseits war die Dürre dieses Sommers sehr schlimm, aber ... Aber andererseits gäbe es keine Maifröste, die die Blüte der Obstbäume abmurksten, und der Behang der Obstbäume im Herbst war besser, als der Bauer wahrhaben wollte. Die Sonne hat den Äpfeln und Birnen, den Pfirsichen und Pflaumen eine Süße gegeben, daß es eine Lust war, hineinzubeißen. Der Bauer konnte sein Ablieferungssoll ganz gut erfüllen, und was er darüber hinaus in die Krautpresse bringen konnte (pro Zentner gab es acht Pfund Obstkraut), genügte, sich für den Winter mit Brotbelag einzudekken.

Eines Tages tuschelte ein fremder Mann an der Tür, ob sie Kohlen brauchten. Kohlen? Je nun, wie sollten sie keine Kohlen brauchen? »Ja, aber«, sagte der fremde Tuschler. »Ihr müßt mir Obst dafür liefern. Es sind Deputatkohlen der Bergarbeiter, zehn Zentner Eierbriketts gegen einen Zentner gutes Obst.« Das war ein Geschäft. Drei Zentner Birnen, Köstliche von Charneux, gegen dreißig Zentner Kohlen? Abgemacht! Nach acht Tagen hatten die Leute auf dem Lande ihre Kohlen, die Leute im Kohlenpott ihre Birnen. Keiner soll hungern und frieren. Ein bißchen Stroh ist über die Kohlen geworfen, besser ist besser. Nie sollst du mich befragen!

Um die elfte Vormittagsstunde, Altweibersommer überall, ein Falk rüttelt nahe beim Dorf, schlichen sechs Frauen an des Bauern Obsthof entlang, nichts Gutes lag in ihrem Sinn. Sie schauten sich harmlos um, die Luft war rein, und dann waren sie schon durch den Drahtzaun hindurch. Fallobst fanden sie nicht. Aber es machte gar keine Schwierigkeiten, mal ordentlich an den Ästen zu reißen. Eine ganze Masse Schöner von Boskopp, Cox Orange und Goldparmänen kamen herunter. Alle sechs Frauen rafften es auf und taten die schönen, herrlichen Sachen in ihre Säcke und Rucksäcke.

Aber da stand der Bauer plötzlich am Zaun mit dem Hund am Riemen. Die Situation war eindeutig. Der Bauer sagte außer dem Wort »Verdammt!« keinen einzigen Ton. Er machte nur zufällig den Hund los, der ein deutscher Schäferhund war, und konnte es nicht verhindern, daß er eine Frau ansprang und sie in den Oberschenkel biß.

Die Frauen schrien, und der Bauer rief scharf: »Hasso, hier, bei Fuß!«

Hasso schlitzte aber noch, da er einmal dabei war, der Frau von oben bis unten den Rock auf, ehe er bei Fuß und wieder an die Leine ging. Tränen, Verwünschungen, Bitten, Drohungen! »Ausschütten!« befahl der Bauer, der vor Zorn bebte, den Zorn aber an die Kandare genommen hatte. »Los, packen Sie aus!« befahl er erneut so ruhig wie möglich.

»Mein Mann ist in Rußland, bitte!« flehte die Frau mit dem Hundebiß, der das Blut heftig das nackte Bein herunterlief. »Haben Sie doch Mitleid!«

»Auspacken!« schrie nun der Bauer, der Hasso scharf zurückhalten mußte.

»Sie unverschämter Mensch, wie können Sie den Hund auf Frauen hetzen? Warten Sie nur, wir werden uns ihre Adresse schon merken, Sie, Sie, Sie! Hoffentlich brennt Ihnen nicht mal das Dach überm Kopf weg. Sie!«

Fast anderthalb Zentner Äpfel ließ der Bauer nachher auflesen. Aber das Mittagessen, es gab eine dicke Milchsuppe, dazu Himmel und Erde mit einer sämigen Sauce aus Speckwürfeln, schmeckte ihm nicht. Daß er auch keinen guten Schlaf hatte, lag wohl an den geschilderten Umständen. Er nahm etwas Baldrian, um den Schlaf zu finden.

Salon Wedemeyer, Düsenjägerfrisur

Nicht weit vom Bahnhof entfernt gerieten wir ins Gespräch mit einem alten Mann mit rotgegerbtem Bauerngesicht. Er ging über die Dorfstraße zum Barbier hinüber, an dessen Haus von einem guten Werbefachmann in großen, verschlungenen, ans Barock erinnernden Buchstaben geschrieben stand: »Salon Wedemeyer, Moderne Haarpflege für Damen und Herren«. Der alte Mann sah aus wie siebzig, war aber, wie sich herausstellte, 91. Auf die lächerliche Frage, ob ihm das Pfeifchen schmecke, das er in seinem zahnlosen Mund hielt, antwortete er etwas mißtrauisch: Warum nicht? Er rauche seit siebzig Jahren, jede Woche ein Päckchen, früher den guten Strangtabak, danach »Schwatten Dorps« und jetzt, na, was man jetzt eben kriege. Jede Woche ein Päckchen? Es war schnell zu überschlagen, daß er mindestens dreieinhalbtausend Päckchen durch seine Lunge gejagt hatte, aber er lebte immer noch. Sein Herz und seine Lunge wünschte man sich. Ob auch Eigenanbau? Er lächelte ein individuelles Lächeln. Die Leute, sagte er, die Leute bringen es einem. Auch das mit diesem Wedemeyer. Er sei ein zurückgebliebener Flaksoldat, ehemals Batteriefriseur. Er beschäftige jetzt drei Gehilfen und zwei Friseusen. Früher sei einer mit der Haarmaschine über Land gegangen. Aber jetzt? Jetzt müssen sich die Frauen der Einheimischen so gut wie die Ostflüchtlinge acht Tage vorher zu Dauer- und Wasserwellen anmelden. Er äußerte den gescheiten Gedanken, ob das sein müsse. In dem Augenblick, als er eintreten wollte, kam ein molliges Mädchen heraus mit rotgemaserten Backen. Es sagte zu dem Alten: »Tag, Opa!« Es trug eine nagelneue, luxuriöse Düsenjägerfrisur, und hinter ihr her kam ein feiner Lavendelduft. Dieser Sommer, sagte der Opa noch beim Abgang, sei in Westdeutschland der trockenste seit 1893 gewesen.

Wir treffen Herrn Frederick wieder

Er saß da inmitten der Menschen, wartete auf den letzten Zug und kurbelte sich eine. Herr Frederick grüßte freundlich, und wir grüßten freundlich wieder, weil wir ja nun schon alte Bekannte waren und uns das Solidaritätsgefühl der armen Leute verband. »Und?« sagten wir. »Was macht Ihr Kupferberg Gold?« Herr Frederick lächelte jenes solidare Lächeln, das nur in unseren Hamstererkreisen zu Hause ist, ein bitteres, heiteres, zynisches Lächeln. »Ich habe sie noch«, sagte er, »es war kein Bedarf.« Aber er hatte zehn Pfund Kartoffeln im Köfferchen, drei Zuckerrüben, ziemlich klein, und sechs Zwiebeln, ebenfalls klein. Außerdem hatte er bei einem Bauern Kaffee getrunken, gutes Schwarzbrot gegessen mit Kraut und weißem Käse. »Ach«, sagte er, »ich könnte weinen.« Und dieses Ach! ließ die Vermutung zu, daß er ein Mensch war, der sich Gedanken machte über viele Dinge. Was er gesehen und gehört habe an diesem einen einzigen Nachmittag, das sei Stoff für mehrere Tragödien, und die Intendanten hätten keinen Mangel mehr an zeitnahen Stücken. Es dürfe nach alldem, was er erlebt habe, als Wahrheit gelten, daß die Menschen die Negation zum Prinzip erhoben hätten, daß das Böse die Herrschaft angetreten habe und daß die Worte Bruder- und Nächstenliebe aus dem Nachkriegsvokabular zu streichen seien. Dann verbreitete er sich noch des längeren generell über all diese Dinge. Zum Beispiel sagte er, ihm scheine, daß alle großen Lebens- und Erziehungslehren des Abendlandes Schiffbruch erlitten. Dies sagte er mit ein klein wenig Pathos, aber dafür war er ja Schauspieler: Mime an einer moralischen Anstalt, das mußte man ihm zugute halten.

Als wir – hart im Raume stießen sich die Sachen – wieder im Pferch des Abteils standen, wo nun der potenzierte Jammer heimwärts fuhr, da hatte Herr Schauspieler Frederick wieder ein großes, unbestechliches Wort bei der Hand; er sagte, es sei von Schiller: »Die Szene wird zum Tribunal!«

»Gut«, sagten wir, »sehr gut!«

»Am liebsten«, sagte er, »möchte ich heute noch die Flasche köpfen. Machen Sie mit?«

Wir bedauerten es sehr. Einmal, weil wir es nicht mehr vertragen würden, und dann – wir sagten es etwas verlegen: »Die Kinder warten. Es soll nämlich noch Bratkartoffeln geben heute abend, wissen Sie. Gestern hat es pro Kopf fünfzig Gramm Margarine gegeben.«

(1947)

Das Loch im Vorhang

Polizisten und Rotarmisten

Die Kreisstadt Helmstedt im Lande Braunschweig, jetzt zum Lande Niedersachsen gehörig, ist die Stadt, die den Vorzug hat, uns »Westdeutsche« mit den »Ostdeutschen« zu verbinden. Es ist eine Stadt, die Angst verbreitet und tiefe Trauer auslösen müßte. Von ihr aus geht der schmale Spalt in die Ostzone, sie ist das amtlich zugelassene Loch im Eisernen Vorhang, der Durchschlupf für die »Legalen«, die Besitzer von Interzonenpässen (die Löcher für die »Illegalen« sind nicht zu zählen).

83 Kilometer lang ist die Grenze des Kreises Helmstedt, die an die Kreise Gardelegen und Haldensleben in der Provinz Sachsen stößt. Mehr als je 300 deutsche Polizeibeamte stehen diesseits und jenseits des Vorhanges, beauftragt, den legalen und illegalen Verkehr ihrer Landsleute unter Kontrolle zu halten, dazu »drüben« etwa 125 russische Soldaten, seit Mitte Dezember sehr junge Leute, »Stalinschüler«, wie man hört, die mit ihren Maschinenpistolen oft und gerne warnend in die Gegend knallen. Die deutsche Polizei »diesseits« ist zum Teil, »jenseits« restlos (und zwar mit der Wehrmachtpistole 08) ausgerüstet.

Osnabrück-Hannover-Magdeburg-Berlin, die einzige Zugverbindung von hüben und drüben und umgekehrt, wird in Helmstedt von den Engländern gelegentlich, in Marienborn von den Russen täglich kontrolliert. Gepäckkontrollen erfolgen auch von den Russen nur sporadisch. FD 112 hat neun oder zehn recht gut geheizte D-Zug-Wagen, ist jedesmal mit 950 bis 1000 Personen (und zu 150 Prozent) belegt. Gelegentlich klirren aus bekanntem Anlaß Fensterscheiben. Korrektes Verhalten der Russen in Marienborn ist Tatsache, gelegentliches Brüllen über die undisziplinierten Reisenden verständlich. Frauen mit kleinen Kindern werden bevorzugt abgefertigt, ebenfalls Schwerbeschädigte. Kinder können in Marienborn ausgeliehen werden, pro Stück 30 Mark, es ist kein Scherz.

Drei Kilometer vom Bahnhof Helmstedt, sieben Kilometer vom Bahnhof Marienborn entfernt ist die Kontrollstelle (Check-Point) an der Autobahn nach Berlin (auch für Fußgänger). Der britische und russische Schlagbaum liegen etwa achtzig Meter auseinander. Die Kontrollen hier sind verbindlich oder unnachsichtlich, lässig oder scharf, je nachdem. Die britischen und russischen Polizisten übersehen sich betont, die deutschen Polizisten hüben und drüben noch nicht. Auf der russischen Baracke wehen neun rote Fahnen, innen hängen Lenin- und Stalin-Bildnisse in Großformat. Von den Russen aufgegriffene Frauen ohne gültigen Interzonenpaß müssen fast immer die Unterkünfte der Soldaten reinigen, die übrigen wandern mit den Männern in Trupps zur Kommandantur. Am Spieß gebraten, auch das ist Tatsache, wird keiner.

Im Kreise Helmstedt wurden im Jahre 1947 an Kapitalverbrechen verübt: zehn Morde, drei Mordversuche, siebzig Raubüberfälle, 1338 schwere Diebstähle, 21 Brandstiftungen, ein Register, das sich sehen lassen kann. Die Täter, soweit sie ermittelt wurden, waren vorwiegend »verschleppte Personen«.

Die sogenannten berufsmäßigen Grenzführer, auf deren Konto anfänglich zahlreiche räuberische und erpresserische Überfälle kamen, sind so gut wie ausgestorben. Die meisten Grenzgänger über die grüne Grenze wissen Bescheid, kennen die illegalen Grenzübertrittsorte und benehmen sich im Gelände wie alte Waldläufer aus Karl-May-Romanen. Von den Illegalen werden schätzungsweise ein Viertel kontrolliert. Sie werden nicht zurückgeschickt. Die Polizei, es darf gesagt werden, drückt beide Augen zu.

38000 Kilogramm Heringe

Von den legalen Grenzgängern reisen fünfzig Prozent zur Regelung von Familienangelegenheiten und zum Abholen von Flüchtlings- und Evakuiertengut, fünfzig Prozent in Kompensations- und Tauschgeschäften. In die Ostzone werden vorwiegend Fische, Getreide, Nährmittel und Stahlwaren gebracht, in die Westzonen Schnaps, Textilien aller Art (z.B. Damenstrümpfe und Unterwäsche), Zigaretten, Keramik aus dem Erzgebirge, Spitzen aus Plauen. Kaffee, Tee, Fette, Fleisch- und Wurstwaren so gut wie gar nicht. Berühmt ist der täglich eintreffende »Heringszug« von der Waterkant, der bis zu der kleinen Station Herxheim fährt, unmittelbar vor der Zonengrenze. Im Dezember allein wurden 38000 Kilogramm Heringe, Bücklinge und Marinaden »sichergestellt«, wie die Polizei die Beschlagnahme umschreibt. Einem normalen Sterblichen, den der Zufall in diesen Zug bringt, wird wegen des penetranten Gestankes ein Ohnmachtsanfall kaum erspart bleiben. Im Sommer 1947 spielte der Viehschmuggel in die Ostzone eine große Rolle, meist mit Pferden (auch vielen Rennpferden) und Rindvieh.

Äcker, Viehweiden, Brach- und Wiesenland, hier und da dichter Laub- und Nadelwald sind das landschaftliche Szenarium. Es ist ein unaufhörlicher Treck hinüber und herüber, viele rat- und hilflos, viele erfahren, alle aber entschlossen, das Wagnis auf sich zu nehmen. Daß die deutsche Polizei »diesseits« der Zonengrenze sich in den meisten Fällen vorbildlich verhält, kann der Berichterstatter durch eigene Erfahrung und eigenen Augenschein bezeugen, daß manche wertvolle polizeiliche Ratschläge den Grenzgängern auf die Reise mitgegeben werden, mag dazu beitragen, das Bild der heiligen Hermandad etwas zum Guten zu korrigieren.

Man braucht keine Pointe zu diesem Bericht zu erfinden. Die Pointe bot sich von selbst an: An der Kontrollstelle an der Autobahn kam in westlicher Richtung ein junges Ehepaar, einen mit Koffern und Kartons vollbeladenen Kinderwagen aus Großmutters Zeiten schiebend. Unbeanstandet passierten die beiden zuerst den russischen, dann den britischen Schlagbaum. Der junge Mann zog die Mütze ab, putzte sich mit dem Ärmel den Schweiß von der Stirn, sah sich den englischen Posten an, sah sich den deutschen Polizisten an und tat einen Seufzer, der ziemlich tief von unten kam. »Und?« sagte der deutsche Polizist, nicht genau wissend, was er von diesem Seufzer halten sollte. »Lieber Mann«, entgegnete der mit dem hochbeinigen Kinderwagen, »haben Sie was dagegen, wenn ich mal ganz laut schreie? Das darf man doch hier bei euch, oder nicht? Ich werde jetzt mal ganz laut schreien!« Der Mann kam aus Dresden.

(1948)

35 neue Schlager

Niemand kann aus seiner Haut. Auch der Rheinländer nicht. Er war der schlechteste Soldat (behaupteten die Militärs), aber er hatte den unverwüstlichsten Humor (sagt er selber). Selbst den schrägen Dingen des Lebens ein Gutes abzugewinnen, entspricht seiner Lebensart. Er ist, wie man weiß, ein Produkt seiner Landschaft. Nicht nur Rhein und Wein reimen sich. Bei ihm reimt sich einiges dazu. Auch das Leben?

Der Kölner erlebte 107 schwerste Luftangriffe auf seine heilige Colonia Agrippina. Auf den Kopf der Bevölkerung entfielen, als er Bestandsaufnahme machte, 14 Kubikmeter Schutt. Von 94 Kirchen waren, als am 2. März 1945 der letzte Bomberpulk abdrehte, noch drei leidlich erhalten. Sämtliche Brücken lagen im Rhein und strangulierten die Stadt ohnegleichen. Die Menschen in den Kellern glichen Lemuren. Im Herbst 1946 waren noch 40000 Familien ohne eigene Kochgelegenheit. Im Winter 1946/47 wurden auf den Kölner Güterbahnhöfen täglich – wohlgemerkt täglich – 18000 Zentner Briketts gestohlen. Im Frühjahr 1947 bekam der Kölner täglich 800 Kalorien zugeteilt bei einem zugesagten Satz von 1550. Dezember 1947 berieten die Kölner, ob sie in Streik treten sollten, weil die meisten von ihnen ihren halben Zentner Einkellerungskartoffeln noch nicht bekommen hatten. Und nunmehr erfährt man dies – dreißig Karnevalsgesellschaften, zusammengeschlossen in einem gerichtlich eingetragenen Verein »Festausschuß des Kölner Karnevals«, lassen verlauten, daß sie vom 1. Januar 1948 bis zum Rosenmontag (9. Februar) 71 Herren-, Damen-, Fest- und Fremdensitzungen und Gesellschaftsbälle zu veranstalten gedenken, daß 35 neue Karnevalsschlager zum Karnevalsbeginn am Elften im Elften (11. November) das trübe Licht der Welt erblickten, deren Noten und Texte man mit schönen bunten Titelblättern in allen einschlägigen Kölner Geschäften erstehen kann. Zwei der größten Karnevalsgesellschaften, nämlich die »Große Karnevalsgesellschaft von 1823« und die »Kölsche Funke rut-wieß vun 1823«, die ersten Gesellschaften dieser Art überhaupt, wollen ihr 125jähriges Jubiläum, dem Brauch getreu und der Zeit gemäß, festlich begehen. Die Feiern des Elften im Elften mußten mangels genügender Räume auf die Zeit bis zum 22.11. verteilt werden. Die reinen Unkosten einer Karnevalsgesellschaft im Zirkus Williams, wo jede zehnte Veranstaltung stattfindet, betragen 23000 Mark.

Nur zögernd muß man es gestehen: Es stimmt alles haargenau. Niemand kann aus seiner Haut, sagt man. Ist es das Bedürfnis, im Karneval das Elend und den Jammer rundum zu vergessen? Ist es die Sucht, den ganzen Krempel, den heute das Leben ausmacht, für ein paar Stunden über Bord zu werfen? Nicht umsonst rufen die Kölner, wenn sie durch die trostlosen Trümmer ihrer Stadt gehen, daß man eine Stadt nicht nur mit Ziegelsteinen wieder aufbaut. Das Gefühl, sich (und den Karneval) nicht unterkriegen zu lassen, wird aus diesen Quellen gespeist. Deshalb brauchen sie auch, wie sie sagen, den Karneval. Einer der zündenden neuen Schlager heißt: »Wenn jetzt de Heinzelmänncher köme, un he dä Brassel övvernöhme.« Der Schalk sitzt ihnen im Nacken, wenn sie es singen. Die Heinzelmännchen kommen natürlich nicht, wie denn auch. Aber sie brauchen so etwas als stärkende Arznei, wenn sie vor ihren Schuttbergen stehen.

(1948)

Die »Rächer der Enterbten«

Kürzlich wurde im Hamburger U-Bahn-Tunnel ein sensationeller Einbruch verübt, wobei große Bestände an Alkohol aus Gläsern mit Tierpräparaten gestohlen wurden. Damit in Zusammenhang gebracht wurde ein ebenso sensationelles Gerücht: Beamte der deutschen Grenzpolizei in Remagen hätten diesen Alkohol beschlagnahmt und genossen, vier Beamte seien bereits gestorben, sechs weitere schwebten in Lebensgefahr.

Meine Informationen bei der Remagener Grenzpolizei ergaben die völlige Haltlosigkeit des Gerüchtes, doch erhielt ich Einblick in einen Drohbrief des ominösen Freiheitskorps »Edelweiß«, das angeblich in der britischen Zone umhergeistern soll. In diesem Drohbrief, unterzeichnet von einem »Major und Kreisführer Rhein-Freiheitskorps Edelweiß«, Unterschrift unleserlich, Orthographie und Grammatik mangelhaft, wurde eine Drohung ausgesprochen, daß man künftig sämtlichen Wein, der aus der französischen in die britische Zone geschmuggelt würde, mit Arsenik oder Zyankali vergiften werde. Die »Rächer der Enterbten« oder die »Schwarzmarktstrategen« fügten hinzu: Wenn künftig eines Morgens einzelne Beamte nicht zum Dienst erschienen, dann – damit man es wisse – hätten sie in der vergangenen Nacht das Atmen vergessen.

Daß das Mißtrauen gegen einzelne Beamte der Grenzpolizei nicht unberechtigt ist, beweist die Tatsache, daß schon mehrmals Beamte wegen erwiesener Unterschlagungen und Bestechungen entlassen werden mußten und vom Militärgericht zu empfindlichen Freiheitsstrafen verurteilt wurden. Auch die oftmals rigorose Art der Kontrollen durch die deutsche Polizei, das Vergreifen im Ton den Reisenden gegenüber wird als peinlich und beschämend empfunden.

(1948)

Die Stadt der weißen Strümpfe

Wer Stoffe hat ...

Fremde Männer, die früher in diese Stadt kamen, konnten es nicht sein lassen, nach den prächtigen Waden der Nordhorner Mädchen zu schauen. Anno 1947 stellte der Fremdling, wenn er verstohlen den Blick nach den Waden riskiert, voll blassen Neides fest: Alle Welt in Nordhorn trägt weiße Strümpfe. Die Strümpfe sind im Straßenbild eine so komplexe Erscheinung, daß der Berichterstatter nicht umhin kann, dieser Stadt den Superlativ anzuhängen: die Stadt der weißen Strümpfe. Es hat seinen Grund, das mit den weißen Strümpfen.

Nordhorn, Grenzstadt in der Grafschaft Bentheim, zweitgrößter Ort im Regierungsbezirk Osnabrück, einige dreißigtausend Einwohner zählend, kaum einer wird es wissen, ist die größte Textilstadt in der britischen Zone (selbst Mönchen-Gladbach ist von ihr überrundet).

Die Stadt Nordhorn liegt südlich eines weißen Flecks auf der Landkarte, am Rande des Bourtanger Moors, dem größten Hochmoor Europas, an der uralten Handelsstraße von Hamburg zur flandrischen Küste. Ein aufgelockertes Stadtwesen, mehr Kleinstadt als Mittelstadt, im Sommer von viel Grün durchwirkt, kommunalpolitisch hochinteressant, im Detail, wie es scheinen könnte, ein Städtchen geruhsamer Bürger,

Bauern und Arbeiter, im großen, eindringlich und klar, die Photographie einer Industriestadt, deren »Kapitäne« was von Rente und Rentabilität, von Zins und Unternehmergewinn verstehen, nicht wenig überdies, wie der Augenschein lehrt. Hochhäuser als Verwaltungsbauten, fast amerikanisch, Arbeitersiedlungen, palastartige Villen derer, die talentvoll die Industrie hier führen, Backsteinbauten eines mittelmäßigen Bürgertums, ein verhutzeltes Rathaus, das sich neben den Industrieburgen wie ein verschämter armer Verwandter ausmacht – das ist das äußere Bild. Die Großbetriebe Niehus & Dütting, Powel, Rawe sind noch ausnahmslos im Besitz der Gründerfamilien, unter deren persönlicher Leitung sie stehen. 1938 liefen in Nordhorn rund 300000 Spindeln und 5200 Webstühle. »N & D.«, Powel und Rawe haben die Schlüsselgewalt in dieser Grenzstadt, sie sind es, die das Garn in mancherlei Bezug spinnen, nicht nur das für die weißen Strümpfe. Ein Anachronismus am Eingangstor zur Raweschen Fabrik: Hammer und Sichel sind groß auf das Mauerwerk gemalt. Möglich, wir wissen es nicht, daß früher was anderes dort aufgemalt war.

... *hat Speck*

Wer Stoffe hat, hat Speck! Ein Wort, das der Erläuterung nicht bedarf. Spindeln und Webstühle klappern auch heute noch wie vor zehn, zwanzig und dreißig Jahren. Es sind englische Aufträge. England liefert Baumwolle und Garne, die in Nordhorn gesponnen, gewebt, stoffmäßig zubereitet und konfektioniert werden. Das Fertigfabrikat (Kleider, Blusen, Hemden, Handtücher usw.) geht nach England. Der Lohn der Arbeiter ist kläglich. Sie verlangen, wer will es ihnen verübeln, Sachwerte. Die talentvollen Kapitäne wissen, wie man das macht. Unsere ganze riesenhafte Wirtschaftsnot wird offenbar: Die Textilfabriken liefern märchenhafte Dinge. Sie liefern Essig und Sämereien, Schuhe, Tabak, Puddingpulver, Hosenträger, Zinkwannen und Schlüpfer, ja, sie liefern sogar Waschmaschinen. Die, die nicht in den Fabriken beschäftigt sind, greifen empört zur Feder und schreiben Leserbriefe an die Ortszeitung. »Gehört das alles nicht zum Schwarzhandel?« fragt einer böse in der Zeitung. Die für solche Artikel zuständigen und zugelassenen Firmen können von ihren Lieferanten keine Lieferungen erhalten, sofern sie den ehrbaren, üblichen kaufmännischen Weg wählen. Doch die Industrie beschafft das alles, was eigentlich der freien Wirtschaft zugeführt werden müßte. Wenn jemand sich für sein letztes Hemd oder durch sonst etwas, was er auch nicht gerne hergibt, ein paar Kartoffeln eintauscht, so wird er als Schwarzhändler bestraft. Wie steht es nun da, wo es, für alle sichtbar, im großen betrieben wird? Ist das kein Schwarzhandel? Allerdings hört man ja hierfür jetzt ein bequemes Wort: »Kompensationsweg!« Nordhorn ist das große Lehrbuch unseres trostlosen Wirtschaftszustandes.

Häuser und Möbel aus Torf

Was sie anderwärts Flüchtlinge nennen, heißt hier euphemistisch Neubürger. Wo anderwärts britische Besatzungstruppen sind, sind in Nordhorn polnische Soldaten. Wenn sie vor einem halben Jahr in den Kreistagen der Nachbarkreise Lingen und Meppen hypothetisch den Anschluß an Westfalen beschlossen, so wünschten sie im Grafschafter Kreistag: Wir wollen bei Hannover bleiben. Wenn Bauholz und Steine zu den Engpässen in der Bauwirtschaft zählen, sagen sie im Emsland, wozu haben wir die Schätze der Moore? Sie haben versucht, aus Torf Platten herzustellen. Die wissenschaftlichen und praktischen Versuche sind geglückt. Der Bau einstöckiger Häuser ist ohne Verwendung anderen Materials durchgeführt. Der Torf ist bindend, feuer- und wasserabweisend gemacht. Wetterfeste »Timpe-Platten«, die man geschliffen hat, sind isolier-, schall- und wärmefest, sie eignen sich nicht nur für das Außenmauerwerk, sondern auch für Innenputz, Fußbodenbelag, Parkett, Terrazzo, Kachelwände und Dachpfannen.

Der Blick hinüber

Grenzen sind zu allen Zeiten Phänomene gewesen. Die Grenze zum holländischen Nachbarn, der früher 8000 Arbeiter als Grenzgänger in die Grafschaft schickte, ist verriegelt. Es ist klar, daß er nichts mehr von uns wissen will, es seien denn so ein paar kleine Grenzberichtigungen.

Des Phänomenale der Grenze wird deutlich, wenn ein Unkundiger nichtsahnend die Grenze um 150 Meter überschreitet, vom Grenzer aufgegriffen, abgeführt, zu Protokoll vernommen, dem deutschen Grenzschutz übergeben, drei Tage in ein Gefängnis eingesperrt und vom Einfachen Militärgericht Nordhorn zu 200 Reichsmark Geldstrafe verurteilt wird, welches Erlebnis der Berichterstatter, dem es persönlich widerfuhr, als Lehre und böse Warnung weiterreicht. Da gebranntes Kind das Feuer scheut, wird er an dem Grundsatz festhalten, niemals mehr eine Grenze sehen zu wollen, niemals!

Aber ein freundliches Intermezzo, dem ein unvergeßliches Lächeln aus einer fernen, fremden Welt innewohnte, brachte er heim ins Reich: Die junge Grenzersfrau setzte ihm, während ihr böser Mann das Protokoll machte, in der guten Stube eine Tasse Kaffee vor, echten Bohnenkaffee mit Zucker und Sahne, liebe Freunde! Und die Schlußbemerkung bleibt notwendig, ob es nicht besser wäre, Frauen regierten in dieser Welt, wie Frau Hendrika Schipper aus Lattrup, Herrgott von Bentheim, es ginge anders zu auf diesem Planeten!

(1947)

Das Abgründige in Herrn Delcarte

Eine tolle Komödie

Unsere miserable Zeit, unerschöpflich in der Darbietung von Schauspielen aller Art, gebar die Komödie vom Herrn Delcarte – oder, wie man in Düsseldorf schmunzelnd erzählt: das Spiel vom schicken Heinz.

Heinz Delcarte, Jahrgang 1911, kam damals aus dem Krieg zurück. Die Amis, sagte er nur, verdammt noch mal. Die Amis hatten ihn verfolgt, als er mit seinen Kameraden Oelgart und Schenk auf einem Floß über den Rhein entwetzte. Die Amis schossen hinter ihnen her, trafen den Oelgart, und der sank vor den Augen seines Freundes Delcarte blutüberströmt in die Fluten des Stromes und ward nicht mehr gesehen. Alter Kumpel, mach's gut! Selbstverständlich, Delcarte suchte die Witwe Oelgart, fand sie mit ihren drei Würmern in Münster in Westfalen, brachte ihr das Schreckliche bei und trat alsdann die Rückkehr ins bürgerliche Leben an. Mit blütenweißen Fragebogen, Gott sei Dank!, ging er zur Behörde und sagte: Bitte, hier bin ich, Heinz Delcarte, mehrere Semester Jura, langjährige Verwaltungspraxis. Mit beiden Händen griff die Behörde nach dem gewandten jungen Manne. Gleichgültig zu wissen, wann dies geschah: Herr Delcarte ward alsbald ein gesuchter, gefragter und von kompensationsfähigen Leuten hofierter Mann im Wirtschaftsministerium des Landes Nordrhein-Westfalen, Referent für den gesamten Interzonenhandel, dazu erster Vorsitzender des Betriebsrates des Wirtschaftsministeriums, zweiter Vorsitzender des Betriebsrates der gesamten Landesregierung Nordrhein-Westfalen. So schön, so gut! Inzwischen stand er der Witwe des gefallenen Kameraden Oelgart bei, gab vor dem Amtsgericht Moers den Tod zu Protokoll, und Oelgart, den wahrscheinlich in der Nordsee die Haie längst vertilgt hatten – man verzeihe des Berichterstatters Phantasie –, wurde für tot erklärt. Indes: Liebe, Schicksal und manch andere Dinge gehen seit eh und je seltsame Wege. Die Bande, die wir die zarten zu nennen gewohnt sind, wurden gesponnen, hin und her und her und hin, zwischen Düsseldorf und Münster, und eines Tages, warum auch nicht, heiratete der schicke Heinz (wie er in Düsseldorf allüberall genannt wurde), der nicht aussah wie ein Normalverbraucher, dem nie die Zigarren ausgingen, der mit dem Auto durch hiesige und fremde Bereiche brauste, der nicht ein Kornfeld aus der flachen Hand, sondern in Haan bei Düsseldorf ein massives, neues Wohnhaus mit allem Komfort sozusagen über Nacht aus dem Boden stampfte, obwohl er keinen Pfennig aus dem Kriege heimgebracht hatte, dieser Heinz – der Leser hat es bereits erraten – heiratete die Kriegerwitwe Oelgart mit ihren drei Kindern, so echte soldatische Kameradschaft über den Tod hinaus um ein schönes Beispiel vermehrend.

Wir kennen das schöne Beispiel vom Krug, der zu Wasser geht, von der Sonne, die es an den Tag bringt, und das Wort vom alten Busch kennen wir auch: »Kaum hat mal einer ein bissel was, gleich gibt es welche, die ärgert das.« So kam es, daß Herr Delcartes Chef, der Minister Nölting, und auch die Argusaugen des Staatskommissars zur Bekämpfung von Korruption und Mißwirtschaft, Jacobi, den Herrn Delcarte nicht eben beiläufig musterten, sondern ziemlich scharf. Plötzlich wurde das Untergründige, Hintergründige, Doppelgründige in Herrn Delcarte offenbar. Es gelang, Zeugen herbeizuschaffen, die dies aussagten: Delcarte ist nicht Delcarte, Delcarte ist Oelgart. Delcarte hatte seinen eigenen Tod bekundet, Delcarte hatte seine eigene Frau geheiratet, Delcarte war während des Dritten Reiches Bürgermeister des schönen Städtchens Königsbrück im schönen Pulsnitztal in Thüringen gewesen. – Aus den Wolken grinste der Alte aus Köpenick. Und das soll er auch.

Von Baron von Rothschild sowie Max und Moritz

Ja, das soll er auch bei einem zweiten Fall, der in diesen Märztagen den Herren beim Korruptionskommissar in Düsseldorf erneut eine Lachfalte auf das asketische Gesicht legte. Ein Herr trat nämlich in ihr Büro und sagte zu Herrn Polizeirat Wolfertz: »Bitte«, sagte er, »mein Name ist Baron von Rothschild, ich bin der Schwiegersohn des Schuhindustriellen Pfeifer in Wermelskirchen im Rhein-Wupper-Kreis, verstehen Sie! Mein Schwiegervater hat 17000 Paar Schuhschäfte und einige tausend Quadratmeter Sohl- und Oberleder im Keller vermauert. Sie sind doch zuständig für so was, nicht wahr?« Der Polizeirat bejahte das, besah sich den Herrn, der eher aussah wie ein Levantiner und nicht wie Baron Rothschild, schickte aber schleunigst seine Beamten nach Wermelskirchen, und es kam tatsächlich, verborgen im tiefsten Keller, das ans Tageslicht, was der Herr Schwiegersohn verraten hatte. Der freilich ist seitdem über alle Berge verschwunden, und der schwiegerväterliche Verdacht, daß der chevalereske Eidam ein Schwindler war, ist sozusagen Gewißheit.

Max und Moritz waren ungezogene Burschen, wie wir wissen. Auch dieser Herr Moritz, ein Getreidegroßhändler aus Leopoldshöhe in Westfalen, war es. Eines Tages fanden sie bei ihm an nicht gemeldeten Waren, die zum Teil durch Überlagerung verkommen waren: 412 Zentner Kunstdünger, 275 Zentner Bindegarn, 18 Zentner Weizen, 87 Zentner Gerste, 150 Zentner Hafer, 90 Zentner Bohnengetreidegemisch, 215 Zentner Ackerbohnen, 73 Zentner Erbsen, 98 Zentner Wicken, 30 Zentner Ölsamen, 40 Zentner Grassamen, 100 Zentner Pferdekraftfutter. Dieser Herr Moritz wurde von der Getreidewirtschaftsstelle beim Landesernährungsamt Unna im Unterwerfungsverfahren in eine Ordnungsstrafe – wir schlagen schamhaft die Augen nieder – von 5000 (fünftausend!) Mark genommen. Das schien vermutlich selbst Herrn Moritz unheimlich. Erregung in der Bevölkerung des Lipper Landes, Einspruch der politischen Parteien, Einspruch des Amtes Schötmar und der Kreisverwaltung Lemgo (die wenigstens die Möglichkeit hatten, Moritz einstweilen die Handelserlaubnis zu entziehen), Alarm beim Staatskommissar in Düsseldorf. Stimmte hier was nicht? Hier stimmte was nicht! War Justitia die Binde verrutscht, dem Landesernährungsamt das Maß für die Schwere des Falles abhanden gekommen? Ihre Ratschlüsse waren auch dem Korruptionskommissar unerforschlich. Wir werden sehen, sagte der, wer hier versagt hat, wir werden gründlich nachsehen!

Keine schwarzen Zigaretten

Der Berichterstatter, als er die geheiligten Räume der Dame Justitia im Düsseldorfer Oberlandesgericht betrat – einige der Räume hat sie jenem illegitimen Kind abgetreten, das sich »Staatskommissariat zur Bekämpfung von Korruption und Mißwirtschaft« nennt –, befand sich in einer Klemme. Es ritt ihn zudem ein wenig der Teufel, der ihn zu folgendem Experiment veranlaßte: »Verzeihung«, flüsterte er dem Vorzimmerfräulein des Herrn Staatskommissars, zu »gibt es hier im Hause keine Möglichkeit, sich ein paar Stäbchen zu kaufen?« Die Reaktion des Fräuleins war teils freundlich, teils böse. »Stäbchen?« sagte es. »Aber ich bitte Sie, ausgerechnet hier! Das gibt's hier nicht.« Somit bliebe zu berichten, daß dieses Haus das erste ist – der Zeitungsmann hat in zwei Nachkriegsjahren viele hohe und höchste Dienststellen besucht –, wo man keinen verschwiegenen Pförtner, Kanzleibeamten oder wachsamen Zerberus besitzt, der für alle Fälle einem aus der Not hilft.

Da außerdem im Anmelde- und Registraturzimmer ein barbarischer »Eigenanbau« durch die Pfeifen gejagt wurde, ohne jede kontrapunktische »süße« Note, bleibt nichts anderes übrig, als diese Dienststelle, wir sagen es freimütig, zum Naturschutzpark unter allen Behörden weit und breit zu erklären. Hier gibt's das nicht, hier kann man sich tatsächlich keine schwarzen Zigaretten kaufen, womit dem Berichterstatter die Pointe aus dem Bericht genommen wurde.

(1948)

Elegische Betrachtungen vor der leeren Kartoffelkiste

Der Doktor Kolfhausen war vorhin da. Es kam die Rede auf die Kartoffeln. »Wahrscheinlich«, sagte er, »werden *wir* welche kriegen. Ich habe einem Patienten mal das Leben gerettet, einem Bauern, und der liefert sie uns nun. Wenn wir keine kriegen, will meine Frau Selbstmord begehen, hat sie gesagt.«

»So«, sage ich und verfalle in einen Zustand von Grübelei, trauriger Verstimmung und melancholischer Einsilbigkeit, »Sie haben einem Bauern das Leben gerettet? Können Sie nicht noch einem Bauern das Leben retten? Ich meine nur. Vielleicht können Sie das noch mal?«

Der Doktor Kolfhausen hält das für ausgeschlossen. Dann geht er und sagt, er wisse auch keinen Rat. Er hofft, daß er zwei Zentner pro Person bekommt. Allerdings sei es noch fraglich, weil der Bauer gesagt habe, mit den Kartoffeln sei es ganz miserabel. Sie seien ganz murksig und klein dies Jahr. Taubeneigröße. »Auf Wiedersehen!« sagt er. Doktor Kolfhausen zog dann ab. Gebe Gott, daß seine Frau nicht zum Selbstmord zu schreiten braucht. Sie haben drei kleine Kinder.

Frau Junghans kam. Frau Junghans ist eine Kriegerwitwe mit einem siebenjährigen Buben. Sie ist eine Pfarrerstochter, und auf sie trifft das bekannte Distichon zu: Pfarrers Töchter, Müllers Vieh usw. Und da sie eine Pfarrerstochter ist, heißt sie Maria, was auf lateinisch »Die Meerfarbige«, auf hebräisch »Die Widerspenstige« heißt, was auch haargenau zutrifft, beides. Aber sie ist ein reizendes Wesen, obwohl sie nur widerspricht, erzeugt bei Männern allerhand Wirkungen und leidet an Wünschen, die nicht einfach erfüllbar sind.

»Haben Sie gehört«, sagt sie, »wir sollen nur einen Zentner bekommen und nicht zwei? Was sagen Sie dazu? Es wird der schlimmste Winter werden, den wir bisher erlebten.« Die Pfarrerstochter redet dann etwas burschikos von »Kaputtgehen« und ob ich, der Herr Chronos, einen Rat wisse. Ich weiß nur den Rat, daß wir abwarten und die Dinge an uns herankommen lassen sollten Ich möchte das Junghanssche Wesen manchmal gerne etwas trösten in ihrer Kartoffel-Ratlosigkeit. Frau Junghans geht resignierend, was sonst nicht ihre Art ist.

Vertrauensvoll kam dann Frau Ostendorf, deren Mann hinterm Stacheldraht eines Kriegsgefangenenlagers das schöne Volkslied singt: Freiheit, die ich meine. Von diesem Lied zehrt der Mann seit fast drei Jahren in dieser entarteten Welt.

»Herr Chronos«, sagt sie, auch namens ihrer zwei Kinder, »was soll das nun werden mit den Kartoffeln? Ist das nicht furchtbar, wenn wir keine Kartoffeln bekommen? Sie kennen doch einen Bauern, nicht? Ist denn da für mich armes Weib nichts zu machen?« Sie steht wie eine Leidende, rat-, hilf- und hoffnungslos und mit einem innerlichen Sehnsuchtsgefühl, endlich, endlich möge ihr Mann nach Hause kommen, dann würde sich schon ein Weg finden. Wenn ihre Kartoffelkiste leer bleibt, will sie ins Wasser gehen. Stumm und mit schmerzlichem Blick wendet sie sich zum Gehen.

»Oh, Gott«, sagt sie dann doch noch.

Und dann kommt Elsbeth mit den Grübchen auf den Backen, unsere liebe Frau Bekkers, mit zwei k, der immer beide Fahrradschläuche platzen, wenn sie über Land fährt mit den Oberhemden und den Hosen ihres Mannes. Im vorigen Jahr hat sie den Kartoffelhändler mit Zigaretten bestochen und dann doch keine bekommen, und sie hat damals manche Kartoffeltränen vergossen, weil ja auch ihr zweites Kleines unterwegs war, und das quiekt nun schon lebendig in die Welt, von der es heißt, daß sie das Strahlende zu schwärzen liebe und doch schöner werde mit jedem Tag. Nun hat sie den Oberhemdenbauern weichgemacht, und sie soll mit der Einschränkung: wenn's möglich ist, welche haben für den nächsten Winter. Aber sie schaut leidvoll und gedankenvoll drein, denn der Bauer hat sie mit zum Feld genommen und hat einen Strauch ausgemacht und ihr die Bescherung gezeigt. Glühende Tränen könne man vergießen, wenn man diese Mißernte sehe. Nun frißt es an ihrem Gemüt. Werden wir im Winter wieder ohne Kartoffeln sitzen?

Meine Frau hat allem zugehört und will sich nun endgültig scheiden lassen, wenn wir keine Kartoffeln bekommen. Sie sagt, ich hätte zu nichts Talent, würde niemals ein Kaufmann werden, und meine altruistische Einstellung ließe uns noch am Hungertuche nagen, ich solle sehen. Dumme Zeitungsgeschichten könne ich schreiben, in denen ich andere Leute lächerlich mache, und eine leere Kartoffelkiste rege mich nicht auf. Endlich soll ich jetzt mal an die Kiste denken und mich in die Materie, wie wir welche kriegen, hineinknien. Schwungvolle Elogen über Bratkartoffeln könne ich schreiben und hämische Sprüche klopfen, o ja, das könne ich, aber wem bleibe alles am Halse hängen?

Wir standen währenddessen vor unserer schönen, großen, guten, exakten, aber leeren Kartoffelkiste, meine Frau und ich. Das heilige Donnerwetter rauschte mit Macht, aber voller Heimtücke und ohne Interpunktion dahin, dahin. Ich dachte an das Land, wo die Zitronen blühen, ich dachte an den Blocksberg, ich dachte aber auch an manches liebe Kind, das ich mal hätte heiraten wollen.

»Gell«, sagt sie dann, und zwei Tränchen standen ihr in den Augen, und sie gab klein bei, »morgen versuchst du's noch mal! Du nimmst den Paletot mit und deine Kommißstiefel. Vielleicht wirst du doch welche kriegen. Du kannst im Winter ruhig mal barfuß laufen.«

(1947)

Und senden wir anbei ...

Im Landkreis Köln geschah es in diesen Tagen, daß auf den Hof eines Bäuerleins ein Knabe kam, rucksackbewaffnet, etwa zwölf Jahre alt, und er hatte ein Fahrrad benutzt. Ob er hier, fragte er die Magd, richtig sei bei Wirtz. Die Magd ihrerseits, darauf abgerichtet, unbequeme Besucher abzuwimmeln, denn die Kölner ziehen in diesen kartoffelarmen Wochen in Scharen über Land und tun ihr Sprüchlein – die Magd sagte dem Knaben, und damit hatte sie tatsächlich recht, es sei niemand da, sie seien alle auf dem Feld, auch der Bauer Wirtz. So, sagte der Knabe, indem er den Rucksack öffnete, dann möchte er hier ein Paket abgeben von seinem Vater, der Bauer Wirtz wisse Bescheid. Ohne Arg nahm die Magd das Paket und stellte es in die gute Stube. Denn es waren nicht eben wenige Pakete, die beim Bauern abgegeben wurde. Es würde schon seine Richtigkeit haben.

Am Abend kam der Bauer heim und hörte es. Er überlegte hin und her, hin und her, es kam ihm nichts Passendes in den Sinn. So beschloß er allsogleich, das Paket zu öffnen. Obenauf lag in einem Kuvert, leicht bläulich war das Papier und mit dünnem Seidenpapier mit Vergißmeinnicht gefüttert, wahrscheinlich also ein altes Muster, ein Brief folgenden Inhalts:

»Sehr geehrter Herr Wirtz!

Anbei übersende ich Ihnen drei Flaschen schwarzgebrannten Schnaps, der aus Rüben gewonnen wurde, die auf Ihrem Acker im letzten Herbst geklaut worden sind. Betrachten Sie diese Sendung als ein gewisses Entgelt und als ein Zeichen des Dankes. Zugleich drücke ich die Hoffnung aus, daß Sie im kommenden Jahr die gleiche, gute Rübenernte anpflanzen werden, die sich bei der Herstellung von Branntwein so sehr bewährte.

Hochachtungsvoll
N.N.«

Dann entnahm er dem Paket die drei Flaschen, die mit Zetteln versehen waren, auf denen in Druckschrift stand: »Knolli-Brandy – Hersteller: Eltz von Rübenach.«

Ist verständlich, daß der Bauer Wirtz grinste? Er nahm eine Flasche, ging zur Küche, holte Gläschen und Korkzieher, schenkte ein, probierte, schenkte ein zweites ein und sagte, mit Blickwendung zu seiner Frau: »Ann«, sagte er, »kumm ens her, ich gläuven, d'r ming es besser.«

(1947)

Grenzfälle an Grenzstationen

Zugkontrolle in Eichenberg

Entlang der britisch-amerikanischen Zonengrenze gibt es insgesamt elf Grenzbahnhöfe, von denen Eichenberg bei Kassel jedem Reisenden zu einem festen Begriff wird.

Nachdem die Fahrgäste zwei Schritte von ihrem Abteil entfernt vorschriftsmäßig Aufstellung genommen haben und ihre Ausweispapiere griffbereit halten, begeben sich die deutschen Polizisten, junge Männer in dunkelblauen Uniformen, einen Gummiknüppel am Leibgurt – höhere Beamte sind mit einem Revolver bewaffnet –, an die Überprüfung der Passierscheine und Kennkarten. Die Kupeetüren müssen geöffnet bleiben, die Waggons werden sorgfältig nach versteckten Passagieren durchsucht. Schwerkriegsbeschädigte dürfen in den für sie bestimmten Abteilen sitzen bleiben. Krüppel und Kranke müssen auch auf dem Bahnsteig antreten. Die Polizisten kommen von zwei Seiten. Unauffällig versuchen sich einige Leute in die rettende Mitte zu stehlen, weil die Kontrolle manchmal nicht restlos durchgeführt werden kann, da die Aufenthaltszeiten der Züge eingehalten werden sollen. Alle Blicke sind beunruhigt auf den Minutenzeiger der Bahnhofsuhr gerichtet. Plötzlich ertönen Kommandos. Die Kontrolle ist beendet, und der Zug fährt sofort ab.

Reisende, die ohne Passierschein oder mit falschen Unterlagen ertappt werden, müssen sich vor dem Einfachen Militärgericht verantworten.

Auf der Rückfahrt wird hauptsächlich das Gepäck nach amerikanischem Eigentum durchsucht. Die Fahrgäste müssen ihre Koffer, Rucksäcke und Pakete geöffnet auf dem Bahnsteig vor sich hinlegen Die Grenzpolizisten arbeiten gründlich. Alle Flüssigkeiten sind anrüchig. Bekanntlich kann man Likör auch auf Haarwasserflaschen füllen. Jede Art von Alkohol ist verdächtig, da nur Kenner selbstgemachten Kümmel von echtem Johnny-Walker-Whisky unterscheiden können. Nichts darf nach Kaffee riechen. Geschlossene Dosen, mit oder ohne Aufschrift, fallen der Beschlagnahme anheim. Die Beamten suchen nach amerikanischen Armeebeständen, fühlen sich aber auch gelegentlich veranlaßt, kleine Mengen bayerischer, württemberg-badischer und hessen-nassauischer landwirtschaftlicher Produkte sicherzustellen. Wer zwei Pfund Butter im Koffer hat, macht sich des Schwarzhandels verdächtig. Schleichhändler leiten ihre Ware aber nicht in Gepäckstücken über die Grenzstation Eichenberg.

Die deutschen Grenzpolizisten unterstehen einer amerikanischen Militärpolizeiabordnung, die zurückhaltend die Kontrolltätigkeit ihrer eifrigen Untergebenen überwacht. Die deutschen Amtsträger erwecken den Eindruck, als ob das Wohl und Wehe aller Reisenden von ihnen abhängt. Sie geben vor, nur nach ihren Vorschriften zu handeln. Ihnen sind verantwortliche Aufgaben gestellt worden. Sie verrichten ihre Arbeit zur vollsten Zufriedenheit ihrer vorgesetzten Dienststelle, ohne ein freundliches Wort, ohne eine verständnisvolle Geste.

Ein Mann in Knickerbockern und Schillerkragen redet energisch auf einen Polizisten ein und wirft ihm vor, daß er sich wie ein salopp verkleideter preußischer Feldwebel benehme und daß Eichenberg ein Tummelplatz frisch aufgewichsten preußischen Beamtentums zu werden drohe. Er wird abgeführt. Eine Dame versucht, ihren aufgebrachten Gatten daran zu hindern, seinen Zorn mit Kognak herunterzuschwemmen. Sie bezichtigt ihn der Trunksucht. Die Flasche macht die Runde. Der Beamte beschlagnahmt schließlich die leere Flasche. Der Schnaps ist gerettet. Die Passierschein-Sünder, Schwarzhändler, Dokumentenfälscher usw. werden der Reihe nach vernommen, sie weinen, schimpfen und beteuern, sie können alle tadellose Lebensläufe nachweisen.

Die unterbrochene Rheinfahrt

Die amerikanisch-französische Grenze verläuft nördlich Rüdesheim zwischen Lorch und Kaub. Linksrheinisch liegt die britisch-französische Grenze zwischen Bad Godesberg und Rolandswerth. Rechtsrheinisch trifft man zwischen Bad Honnef und Unkel auf die britisch-französische Zonengrenze. Diese kuriose Zonenbegrenzung erinnert an alte Zeiten, wo es über 30 Reichszölle gab und der Krummstab und die territorialen Pfalzgrafen am Rhein fleißig Geld kassierten.

Wenn man die Loreley passiert hat, bemerkt man plötzlich, daß die Reisenden nervös werden. Sie bereiten sich auf die Grenzkontrolle in Kaub vor. Ebenso wie in Eichenberg findet hier die Passierschein-Kontrolle durch die deutschen Beamten mit inquisitorischer Gründlichkeit statt. Es gibt nichts aufschlußreicheres, als diesen Polizisten zuzusehen. Sie holen aus jedem Zug mehrere hundert Reisende und kommandieren sie zur Bahnhofswache. Sie wetteifern in einem Befehlston, der vielen von früher her noch in den Ohren liegt.

Wer keinen Passierschein vorlegen kann, muß 100 Mark hinterlegen und erhält eine Vorladung zum Einfachen Militärgericht in St. Goar. Der Termin findet vierzehn Tage später statt. Wer nicht genug Geld hat, wird dem französischen Stadtkommandanten vorgeführt. Danach darf er die Rückreise antreten, wo ihn an der nächsten Station in Lorch eine gründliche amerikanische Kontrolle erwartet, die ebenfalls von deutschen Polizisten durchgeführt wird. Sie fahnden hauptsächlich nach amerikanischen Armeebeständen. Bei Lebensmitteln deutscher Herkunft wird hier großzügiger verfahren. Die Grenzpolizisten nehmen Körpervisitationen vor, weil der Ideenreichtum der passionierten Schwarzhändler keine Grenzen kennt. Der in Lorch kontrollierte Zug hat in Linz auf französischem Boden, ehe er ins britische Gebiet kommt, eine erneute, zumeist aber nur stichprobenartige Fahndung nach Konterbande.

Die britische Besatzung hat bisher auf ähnliche Kontrollen verzichtet.

(1946)

An
Wupper, Rhein, Mosel
und Neckar

Begegnung mit den Scherenschleifern

Eine deutsche Stadt ...

Es war die Zeit der großen Trecks in die Staaten. Am 29. April 1865 stach das Schiff in Hamburg in See. Der Auswanderer war 22, seine Frau 21 Jahre alt. Der erste Brief »nach stürmischer Überfahrt« datiert vom 17. Mai 1865. Auf dem Absender steht: Mr. Robert Henckels, 7 Lawerence Street, Newark, St. of New Jersey, North America. 1867, zwei Jahre später, sagte der Auswanderer dem Land der unbegrenzten Möglichkeiten wieder Lebewohl. Amerika hatte es – damals – noch nicht besser. Im selben Jahr, 1867, zog Bebel, 27jährig, in das Parlament ein.

Achtzig Jahre später nimmt das großväterliche Amerika-Intermezzo einen breiten Raum in den Erörterungen der Enkel ein: Warum ist er nicht drüben geblieben? Warum blieb er nicht Mister Robert Henckels? Warum wurde er wieder Scherenschleifer in seinem kleinen Schleifkotten im Tal der Wupper bei Solingen im Bergischen Land? Hätte er nicht drüben weiter Pionier sein können oder Kolonisator oder Dünger oder wie man diesen Sendungsglauben sonst noch nannte? Seine Rückkehr wird von den Enkeln des 20. Jahrhunderts aufs tiefste beklagt.

Der Stadt Solingen trug Mister Robert Henckels, der Scherenschleifer, der dreizehn Kinder großzuziehen hatte, keinen persönlichen Ruhm ein; dafür aber um so größeren Kollektivruhm. Er war nämlich ein Facharbeiter der Solinger Schneidwarenindustrie, ein Scherenschleifermeister. Mit den Namen dieser Facharbeiter, die nach drüben gingen, als das Unternehmertum mit dem robusten Gebrauch seiner kapitalistischen Freiheiten begann, könnte man Bände füllen, in Solingen besonders.

Größeren Ruhm trug der Klingenstadt Solingen ein Mann ein, der sich Briefbogen drucken lassen konnte mit dem großartigen Briefkopf »J. A. Henckels, Zwillingswerk«. Er hatte den biblischen Namen Johann Abraham, obwohl er nicht so aussah wie Vater Abraham, bei weitem nicht. Größeren Ruhm, obwohl es ihm gleichgültig blieb, trug Solingen auch ein Komödiant ein, der Paul Henckels hieß, ein Enkel des Johann Abraham, obschon in der Familienchronik totgeschwiegen, der in jungen Jahren, weil er ein Fant und Nichtsnutz war, wie sie sagten, zur Dumont nach Düsseldorf ausriß und somit den Solinger Moralisten viel Stoff zur üblen Nachrede lieferte.

Jene sechziger und siebziger Jahre waren, wie man weiß, der Beginn der sozialistischen Arbeiterbewegung. Friedrich Engels, der Fabrikantensohn, wurde im benachbarten Barmen, Marx in Trier, Bebel in Köln geboren. In den sechziger Jahren war Lassalle in Solingen. Später hatten die Wupperschleifer – »scharf und nachdenkend von Verstand«, wie ein Zeitgenosse sagte – das Bild August Bebels in ihren Stuben hängen. Sie waren nicht ganz der Meinung des Onkel Bräsig, der die Armut auf die große Powerteh zurückführte. Sie studierten die Armut in einem Buch, das den Titel trug: »Das Kapital«. Sie begannen zu diskutieren. Ihr politisches Bewußtsein begann sich zu formen. Sie gründeten den Scherenschleiferverein, ihre Gewerkschaft, den der Großvater viele Jahre führte. Ihr erster Vertreter, den sie in den Reichstag schickten, hieß Schumacher. Und wenn der Großvater, der im Laufe der Jahre – vielleicht hatte es doch mit der großen Powerteh zu tun – nicht mehr Henckels, sondern Henkels hieß und somit seine Verwandtschaft mit dem reichen Johann Abraham endgültig aufgab – wenn er heute noch lebte, er würde gewiß wieder Schumacher wählen. Auch wenn er nun ein Doktor geworden war, der Schumacher.

Solingen war schon im Kaiserreich »das rote Solingen«, und schon zu jenen Zeiten hatte es, als eine der ersten deutschen Städte, eine absolute sozialistische Mehrheit. Seine selbst im Ausland berühmt gewordene Siedlungspolitik nach dem Ersten Weltkrieg, die mit dem Namen des preußischen Landtagsabgeordneten Hermann Meyer unlöslich verknüpft ist, war Beweis dafür, daß der sozialen Frage nicht zuletzt von der Wohnung beizukommen ist. Über einen Teil der Siedlungen, dies zur Vervollständigung bemerkt, gingen am 4. und 5. November 1944 zwei exakte Bombenteppiche.

Friedlich und nahezu malerisch liegt das Tal der Wupper im Bergischen Land. Wer möchte es auf sich nehmen zu sagen, es sei noch so malerisch wie einst. Allein schon die Schleifkotten, die Werkstätten der Solinger Heimarbeiter, einst vom Wasserrad, heute meist elektrisch getrieben, lieferten recht eindrucksvolle wirtschaftliche Schlüsse, sie könnten geradezu das große Lehrbuch unseres erbarmungswürdigen Wirtschaftsstandes sein. Viele Schleifkotten liegen nämlich still, und es ist kein Zufall, daß einer der Kotten bereits als »Schleifer- und Heimatmuseum« eingerichtet wurde. Die Schleifer sind antiquiert. Die Antiquierung geht schweigend vor sich. Niemand merkt es.

Als Sozialtypus ist dieser Heimarbeiter eine merkwürdige Erscheinung. Er war immer ein sehr freier Mann auf eigener Scholle und mit sehr freien Gedanken im Kopf. Obwohl sein politisches Klassenbewußtsein ausgeprägt war, war er nie Proletarier, sondern Kleinbürger. Er hatte ein eigenes Häuschen, drei Ziegen oder zwei Schafe und vielleicht elf Karnickel. Er besaß eine gute Stube mit Vertiko, viele auch ein Klavier. Im Elternschlafzimmer hing das Standardbild des Kleinbürgers: »Elfenreigen«. Es mag als romantische Randnote angemerkt sein, daß das Klavier nicht nur ein ephemeres Möbelstück war, nicht nur kleinbürgerliches Beiwerk, es wurde auch dem Bedürfnis zum Singen gerecht. Nicht zufällig existiert in Solingen noch der älteste deutsche Gesangverein, nicht zufällig haben zahlreiche Berufssänger früher am Schleifstein gesessen, wie Karl Hartmann, München, Max Roth, Stuttgart, Emil Frickartz, Berlin, Friedrich Eugen Engels, Rundfunk, Rohrbach, Lübeck. In den Randbezirken der Stadt, wo die meisten wohnten, typische Bereiche der Streusiedlung, stehen seine Fachwerkhäuschen, wenn er sich nicht ein kleines massives Haus im Nutzbaustil errichtete.

... im Schatten Sheffields

Gegen Schleifer, die »unsauber« waren im Sinne seiner gewerkschaftlichen Tradition, war er rücksichtslos. Er »schnitt« und ächtete sie nicht nur, die den Fabrikanten unter Preis arbeiteten, er bestrafte sie auch exemplarisch. Nachts kam in diese »Bärenställe« der schwarze

Mann, demolierte die Arbeitsstelle des Verräters oder warf seine Arbeitsgeräte in die Wupper. Aber er hatte einen untrüglichen Instinkt für gute Arbeit. Auch die guten Fabrikanten, die »den Preis bezahlten«, wollten mit den »Bärenställen« nichts zu tun haben. Qualitätsarbeit war das A und O. Diese Qualitätsarbeit des Facharbeiters wäre noch heute das große Kapital der Solinger Schneidwarenindustrie, wenn ... wenn man die Facharbeiter nicht so stark zur Ader gelassen, wenn nicht so viele ins großdeutsche Gras gebissen oder Solingen mit der Stacheldrahtwelt vertauscht hätte, wenn nicht der Nachwuchs in andere Berufe abgewandert wäre und das Durchschnittsalter der jetzigen Heimarbeiter nicht 58 bis 60 Jahre betrüge.

Freilich ist das Ausmaß des Solinger Darniederliegens nicht nur darauf zurückzuführen. Es gehört nicht in den Rahmen des Bildes, das hier gezeichnet werden soll. Auch sind uns – erklärlicherweise – Grenzen gesetzt.

Aber ein Mann von der Weltfirma J. A. Henkels, der dort 42 Jahre auf dem Kontor sitzt, sagte uns dies: daß heute eigene Einrichtungen des Zwillingswerkes nicht benutzt werden dürfen (obwohl die Firma das Permit »zur Anfertigung von Stahlwaren in unbegrenzter Höhe« besitzt), weil man vermutlich hinter dem Geheimnis der guten, blau-gepließteten Klinge her sei. Ein Bericht der Industrie-und Handelskammer sagt freimütig, daß Sheffield, mit dem Solingen seit vielen Jahrzehnten auf dem Weltmarkt um die Herrschaft kämpfte, »seine Stunde« gekommen sieht, um den Markt zu erobern, um den es sich so lange und mühevoll beworben hat. Solingens Stellung, was Qualität und Preis betraf, war, zumal die Sheffielder Industrie gegenüber der Solinger technisch als rückständig zu gelten hatte, fast unschlagbar. Sehr viel Bitternis und heillose Beunruhigung bringen Fabrikanten und Arbeitern die geplanten Demontagen, die in großem Stil erfolgen sollen. Herren aus Sheffield halten sich in Solingen auf; nicht zum Studium der Gesangvereine, das ist klar. Es erfolgten viele eingehende Besichtigungen der Maschinenanlagen durch fremde Offiziere, wobei häufig die vorhandenen Zeichnungen mitgenommen wurden. Die Solinger sagen es nicht ohne Bitterkeit: Jetzt liegen wir am Boden, und nun zieht man uns auch noch aus. Dazu, sagt der alte Herr bei Henckels, ist so quasi Solingens Ausverkauf im Gange. Natürlich, auch das New Yorker Zweiggeschäft von Henckels mußte aufgegeben werden.

Als wir vor der Solinger Stadthalle aus Anlaß des jüngsten Hungerstreiks standen, als das Telegramm des Solinger Oberbürgermeisters bekannt wurde: »Wir erhalten in dieser Woche nur dreieinhalb Pfund Brot und ein halbes Pfund Sauerkraut«, als wir die Solinger dort stehen sahen in abgewetzten Kleidern und Schuhen, jedes Gesicht einem Käthe-Kollwitz-Bildnis entsprungen, als die Kulisse der flachgewalzten Solinger Innenstadt dem Schweigemarsch eine großartige makabre Untermalung gab, sagte der Vater beiläufig, vierzig Jahre ist er Sozialdemokrat: Hier, im jetzt zerschmissenen Kaisersaal, hat vor dem Ersten Weltkrieg ein Gewerkschaftskollege aus Sheffield begeistert zu uns gesprochen, einer von der britischen Arbeiterpartei. Ich weiß es noch gut. Viel, viel Beifall hat er damals bekommen. Damals sprachen wir viel von Solidarität. Und danach, auf dem Heimweg, kam wieder das großväterliche Amerika-Intermezzo, anno 1865 bis 1867, aufs Tapet. Mit leicht traurigem Einschlag, wie sich denken läßt ...

(1947)

Rhein ohne Wein und Pathos

Union Jack und Trikolore

Der Rhein hat sich sein Pathos abgewöhnt. Das romantische Kostüm, in das er einmal gekleidet war, scheint mit den Wellen davongetragen. Drüben,auf dem Petersberg, weht der Union Jack, hüben, in Godesberg, die belgische Flagge neben der britischen, und »auf der anderen Seite«, jenseits der Schlagbäume, am Rolandsbogen, die Trikolore. Die Baumblüte in Muffendorf und im »Ländchen«, die Weinberge bei Dollendorf, Königswinter und Bad Honnef wirken in diesen Frühlingstagen als leicht melancholischer Gemütszierat. Aus den Wellen des Rheins ragen die Ruderstühle und Aufbauten von einem Dutzend auf Grund gesetzten und zerschossenen Schleppkähnen. Und etwas stromauf, an der Erpeler Ley, sieht man noch die Überbleibsel jener Rheinbrücke von Remagen, deretwegen vier deutsche Offiziere, weil sie das Sprengen unterließen, vor Jahresfrist füsiliert wurden.

Die Hausfrauen haben für diesen Talschlauch an der Südgrenze der britischen Zone, für Bonn und Godesberg insbesondere, die Bezeichnung »Blinddarm« geprägt. Dieser Blinddarm komme zu kurz bei den Zuteilungen, heißt es. Vor allem ist das Maifeld der Eifel, die Andernach-Mayener Gegend, das einst die Kartoffeln lieferte, abgeschnitten. Was dem Müller das Wandern, das ist daher dem Bonner und Godesberger die Hamsterfahrt ins Maifeld geworden. Jede Reise dorthin wird, da es auf die andere Seite der Schlagbäume geht, ein erregendes Abenteuer. Der Kampf ums Dasein wird vorwiegend mit Rucksäcken ausgetragen. Wo einst die bowletrinkenden Rheinenthusiasten mit Klingklang und Gloria beim Wirt zum Rolandsbogen pokulierten, stehen heute deutsche Polizisten, die vor einigen Tagen die französischen Posten ablösten, und fackeln nicht lange, wenn sie jemanden erwischen, der mehr als fünfzehn Pfund im Rucksack hat. Die Pechvögel singen dann nicht das Lied vom Rolandsbogen in Moll, die singen etwas in Dur, versteht sich, etwas ganz anderes – was auch zu verstehen ist. Nachher hockt der Menschheit ganzer Jammer auf den Trittbrettern und gondelt heimwärts. Unterhalb des Bahndammes fließt der Strom; Schlepper, nicht eben viele, ziehen hinauf und hinab, mit Kohlen beladen und mit fremden Wimpeln am Heck. Wo unten auf den Uferstraßen zweitausend Jahre die Geschichte mit klirrenden Schritten einherzog, da saust sie jetzt mit flinken Jeeps.

»Preußenkolonie«?

In Bonn und Godesberg fand man in diesen Tagen an die Mauern geschrieben die Parole: »Nie wieder Preußenkolonie! Es lebe ein freies Rheinland!« Diese Rufe sind nicht neu, aber die politischen Parteien sind gegen separatistische Bestrebungen. Nur Dr. Opitz, der Vorsitzende der Rheinischen Volkspartei, verlangte am 14. April auf zwei Kundgebungen ein freies Rheinland und eine Volksabstimmung darüber. Der Strom ist zu allen Zeiten ein politisches Kraftfeld erster Ordnung gewesen, und die Rheinländer haben die Schläge des Schicksals zu fühlen. Das Schlagwort von der »Preußenkolonie« hat aber nie große Zugkraft bewiesen. Preußen-Deutschland hat sich nach den siebziger Jahren mit sehr viel Willen zur Demonstration des Rheines angenommen, die nationalen Gefühlswerte dieser bürgerlichen Jahrzehnte erhielten tätig geförderten Auftrieb. Neben Kasernen entstanden mächtige Denkmäler und nüchterne preußische Landratsämter. Aber mit den Preußen kamen auch die Rheinschiffahrt, die Strombauverwaltung, die Schulgebäude und eine unleugbar gewaltige wirtschaftliche Blüte.

Die Lindenwirtin, die junge, hat Godesberg jahrzehntelang materiellen und ideellen Zinsgenuß eingetragen. Ihre Kneipe am Ännchenplatz, Überbleibsel einer Zeit, die nicht mehr ist, weil sie nicht mehr sein kann, hat sich von der Baufluchtlinie gelöst und steht bejammernswert bis auf die Straße, mit blinden Scheiben und vernagelten Türen. Die Studenten – im so gut wie völlig heil gebliebenen Godesberg befindet sich die juristische Fakultät der Bonner Universität – sehen in ihrem äußeren und inneren Habitus ein wenig anders aus als ihre Großväter, die bei Ännchen Schumacher in der Kreide hingen. Nicht weit von der Ännchen-Kneipe stehen die Enkel vor den Geschäften Schlange nach Steckrüben oder Heringen und sehnen sich danach, sich endlich wieder einmal satt essen zu können.

Den Wein haben die Bonner und Godesberger sozusagen vor der Haustür liegen. Aber wo bekäme man noch reinen Wein eingeschenkt? In Bonn und Godesberg nicht. Keinen Tropfen im Becher mehr ...

(1946)

Ruinen am Rhein – alte und neue

Von Bonn zum Binger Loch

Genau vor 300 Jahren, 1646, zog der alte Matthäus Merian den Rhein hinunter und beschrieb und zeichnete seine »anmüthigen« Jugendbildnisse unserer Städte, weil unser »teutsches Vatterland« schon damals »von den Ausländern für eine finstere Wildnuß, traurigste Wohnung, ungeschlachtes und mehrentheils unerbautes Erdreich erhalten« wurde. Wer den Spuren des alten Kupferstechers folgt, sieht heute ein anderes Rheintal.

Caesar ging 55 v. Chr., wahrscheinlich nördlich Koblenz, bei Urmitz, über den Rhein. Eisenhower 1945 n. Chr., genau ein Jahrtausend später, etwas rheinabwärts bei Remagen. An den römischen Imperator erinnern die Drusus-Kastelle, an Eisenhower die Gedenkmale seiner Gefallenen, deren Namen am Strom in die weißen Vierkantsäulen gehämmert sind.

Weder die »anmüthigen« Städtebildnisse des Merian noch die Stahlstiche Laurenz Janschas um die vorletzte Jahrhundertwende, noch die Panoramen der romantischen Landschaftsmaler des 19. Jahrhunderts sehen wir heute. Noch stehen die Burgentrümmer auf den Höhen rechts und links, die Kulisse jener Läufte, die wir als Romantik kennen, die Ruinen der Godesburg, des Drachenfels, Burg Hammerstein, Rheineck bei Brohl, Lahneck, Stolzenfels und Marksburg, die feindlichen Brüder, Rheinfels, Katz und Maus, Schönburg und Gutenfels, Stahleck, Fürstenberg Nollig und Sooneck, Falkenburg, Rheinstein, Ehrenfels und Klopp. Auch jene Zeit ist Geschichte geworden, die das letzte deutsche Kaiserreich mit patriotischem Hochgefühl manifestierte.

Eine sehr sonderbare, aber um so drastischere und radikalere Zäsur zur Vergangenheit vollzog der letzte Krieg. Was den Boeing-, Liberator- und Marauder-Verbänden und den Jabos entgangen war, das vollendeten die Erdkämpfe, namentlich mit den aus dem Brückenkopf Remagen rheinauf und rheinab vorstoßenden amerikanischen Truppen. Eine Verwandlung der Rheinlandschaft erfolgte, die grundstürzend war und die dem Rheinreisenden, der einst mit romantischem Sinn die Burgentrümmer vom weißen Dampfer aus vorüberziehen sah und dabei in Schwärmerei verfiel und Rheinlieder sang, einen mächtigen Schreck einjagen würde. Einst fuhr er wie durch ein Museum, wo die Landschaft gleichsam inventarisiert und katalogisiert war, heute fährt er wie durch einen Friedhof; nicht sehr viel anders ist es.

Am schwersten zerstört sind Bonn und Koblenz. 60 bis 80 Prozent Zerstörungen weisen ferner Remagen, Kripp und Irlich bei Neuwied auf; 40 bis 60 Prozent: Brohl, Rheinbrohl und Altwied; 20 bis 40 Prozent: Ober- und Niederlahnstein, Andernach, Bad Hönningen, Urmitz und Weißenthurm. Neuwied und Linz fallen in die Kategorie der 0 bis 20 Prozent zerstörten Städte. Bad Godesberg ist nur 8 Prozent zerstört. Am Mittelrhein erlitten die schwersten Zerstörungen: 80 bis 100 Prozent: Bingerbrück; 40 bis 60 Prozent: Boppard, Oberwesel, Rhens.

Die Frage, wie die künftige Empfindung des Rheinreisenden sein wird, in welchem Maße das romantische Landschafts- und Naturgefühl vom Beschauer Besitz nehmen wird, ist noch keine Aufmerksamkeit geschenkt worden. In welches Gewand werden die Literaten den Rhein kleiden? Es ist schwerlich anzunehmen, das das Auge die neuen Trümmer schön finden und mit Liedern preisen wird, wie es mit den Burgruinen geschah. Welche Stimmungen werden die Rheinreisenden der zweiten Hälfte des 20. Jahrhunderts erleben? Die Romantik hatte den Rhein zum Landschaftsideal gemacht, die Nachromantiker taten das Ihrige hinzu. Die jüngere Zeit endlich hat es hoffnungslos und grausam verkitscht und abgegriffen.

Abschied von der Romantik?

Es führt zu nichts, über diese Dinge zu diskutieren. Nur der Tatbestand soll fixiert werden. Aber eines dürfte feststehen: Die Zeiten, da sie den Rhein in der Dichtung (und nicht nur da) ungestraft verkitschten, sind wahrscheinlich vorbei. Den Menschen in den bombardierten und zerschossenen Städten und Dörfern würde es vermutlich übel werden. Auch die Zeiten, da ganze Poetengeschlechter sich des Rheines annahmen, sind vorüber. Vom Venusberg bei Bonn, vom Krahnenberg bei Andernach, vom Rittersturz bei Koblenz, von der Elisenhöhe bei Bingerbrück schaut man in die Totenstille ausgebrannter Städte. Wie werden dereinst, wenn wir etwas Abstand gewonnen haben, die Rheinreisenden reagieren, wenn einmal wieder die eleganten, weißen Schiffe talauf und talab fahren?

Wird Lord Byrons Lobpreisung in Childe Harolds Pilgrimage, wo er den unwiderstehlichen Zauber des Schauspiels preist, der ihn bei seiner Reise rheinaufwärts umfing, Gültigkeit für die Heutigen behalten? Werden wir Heutigen empfinden, was Madame de Staël einst empfand? Oder ist vom Landschaftsgefühl der Romantik angesichts der neuen Ruinen Abschied genommen? Ist der Krieg auch hier zum Vollstrecker eines Schicksals geworden?

Oder ist er es doch nicht?

In Remagen klang aus einem Lokal verheißend das Lied von den Augen, den »kornblumenblauen«. Zu Hause, als der Berichterstatter das Radio anstellte, jagte der Koblenzer Sender es hinaus: Der Wein müsse alt und jung die Mädchen sein. Vielleicht, sagte ein Mann, der nicht eben glimpflich in der Bombenlotterie davongekommen war, wollten sie gerade ein neues Betäubungsmittel ausprobieren. Das wäre ja möglich gewesen.

(1946)

Späte Mittelrheinreise

Der Kulminationspunkt

Wer sich ein wenig Phantasie bewahrt hat, kann sich in die herbstliche Rheinlandschaft einige Bilder hineinkomponieren: von Winzerfesten mit Festzügen, Gott Bacchus, der alte Saufaus mit lockigem Haupthaar auf einem Fuderfaß thronend, von Rheinterrassen mit fröhlichen Zechern. Der Rahmen für diese Bilder ist geblieben. Die Bilder aber fehlen. Diskret ist zwar hier und in den größeren Weinorten im Lokalteil der Zeitungen ein Winzerfest angezeigt, aber nur für den Hausgebrauch. Man möchte (und muß) unter sich bleiben. Nur für die Einheimischen ist – gegen Abstempelung der Lebensmittelkarte – eine Flasche freigegeben. Fremde, um die man früher warb und denen man mehr oder weniger attraktive Weinbrunnen auf den Marktplätzen baute, sind unerwünscht. Jene Tropfen »des blonden Gottes im gläsernen Tabernakel« sind nicht mehr opportun. Es sind stichhaltige Gründe, die die Flasche Wein zum bestimmenden Währungsfaktor gemacht haben, denn auch das Winzervölkchen ist zum vorkapitalistischen Zeitalter, zum Tausch, zurückgekehrt. Wie es anderwärts heißt: Der Bauer hat alles, so heißt es hier: Der Winzer hat alles. Sie werden im kommenden Winter nicht hungern und frieren; nein, auch nicht frieren. Abends gehen die Rheinschlepper hier vor Anker! Sie haben das in ihren

Eine der ersten Handlungen, die nach Ende des Krieges auf Veranlassung der Alliierten vorgenommen wurden, war das Auswechseln gewisser Straßenschilder *(Keystone)*

Die Versorgungslage war wegen der Verwüstung weiter Landstriche geradezu katastrophal. Die tägliche Ration milderte den Hunger wenigstens vorübergehend *(Keystone)*

Der Kölner Dom bildet den traurigen Hintergrund für die zerstörte Hohenzollernbrücke *(Bundesbildstelle)*
Einer der ersten amerikanischen Trupps erreicht einen Kölner Vorort *(Verkehrsamt Köln)*

Beliebt waren Kaugummis. Der Magen blieb zwar leer, aber die Zähne hatten wenigstens etwas zu tun *(Keystone)*
Zaghafte Lebensfreude signalisiert ein Luftballon, der hier durch Kölns Schildergasse getragen wird *(Verkehrsamt Köln)*

Obwohl eine Zugreise wegen der vielen gesprengten Brücken und Gleisanlagen oft tagelang dauerte, ließ die Hoffnung auf ein gutes Ergebnis beim Kungeln keinen Gedanken darauf zu
(Süddeutscher Verlag)

Die Kartoffelsäcke sind voll. Der beschwerliche Rückweg steht jedoch noch bevor *(Süddeutscher Verlag)*
Alltag in einer deutschen Stadt kurz nach Kriegsende: Zerbrochen sind nicht nur die Steine *(Keystone)*

Wer fünf »Chesterfield« aus der Tasche ziehen konnte, der konnte sich glücklich schätzen. Er war für einige Minuten König des Schwarzmarktes *(Keystone)*

Trotz halbverfallener Häuser, geborstener Balken und abgedeckter Dächer: Die Menschen konnten wieder lachen. Und Blumenkästen wurden auch schon aufgestellt *(Keystone)*

Erste Hinweisschilder für Ortsunkundige deuten auf eine Normalisierung hin *(Keystone)*
Parlamentarischer Rat: Konrad Adenauer mit Ministerpräsident Hans Ehard (Bayern) und Hessens Christian Stock *(Bundesbildstelle)*

Am 22. Mai 1948 eröffnete Professor Dr. Ludwig Erhard (vorn) die zweite Hannoversche Exportmesse. Links neben ihm Sir Cecil Weir, der britische Militärgouverneur für Wirtschaftsfragen *(Süddeutscher Verlag)*

Auch nach der Währungsreform blühte noch der Schwarzmarkt. Eine plakative Antiwerbung unterstützte den Kampf gegen den »Tod der neuen Währung« *(Keystone)*

Erste Anzeichen der freien Markwirtschaft und die Abkehr von den Lebensmittelmarken ...

... ließen die Erinnerung an Zerstörung und Demontage etwas vergessen *(2 × Keystone)*

Wer in der Nachkriegszeit ein Paar der heißbegehrten Nylonstrümpfe ergattern konnte, der ließ sich beim Anziehen nicht von vorübergehenden Passanten stören
(Süddeutscher Verlag)

Er bestimmte fast anderthalb Jahrzehnte die Richtlinien der deutschen Politik: Dr. Konrad Adenauer in seinem Rhöndorfer Haus 1949 beim Fackelzug nach seiner Wahl zum Bundeskanzler *(Keystone)*

In den ersten Jahren des bundesrepublikanischen Parlamentarismus war er der große Gegenspieler Adenauers: Dr. Kurt Schumacher von den Sozialdemokraten
(Süddeutscher Verlag)

Melancholie liegt über diesem Bild: Viele, die nach jahrelanger Kriegsgefangenschaft zurückkehrten, fanden eine »Heimat« vor, in der sie sich nicht mehr zurechtfanden *(Süddeutscher Verlag)*

Bäuchen, was ein großer Staatsmann jüngst den Kulminationspunkt Europas genannt hat, nämlich Ruhrkohle. Das verstohlene Hin- und Herschleppen von Säcken durch die Gassen der Rheindörfchen im Abenddämmerscheine könnte man Heinzelmännchens Kohlenparade nennen. Diesmal weiß es auch die Loreley, was es bedeutet. Es wird ein schlimmer Winter werden, denn die Hungerfelsen in der Nähe der Loreley sind jetzt, im späten Oktober, immer noch zu sehen, so tief liegt nämlich der Wasserspiegel. Der Pegelstand des Rheines ist noch immer beängstigend, nicht nur für die schweren Radkästen, auf denen »Hugo Stinnes«, »Raab u. Karcher«, »Haniel« und so ähnlich klassische Namen stehen und an deren Bug säuberlich der Union Jack aufgemalt ist.

Bis zum späten Vormittag füllt das diesige Grau des Morgennebels das Forum des Rheintales. Die Höhen des Westerwaldes, der Eifel, des Hunsrücks und des Taunus sind von herbstlichem Braun paspeliert. Und nur das Laub der Weinberge, in denen sie mit der Weinlese begonnen haben, ist noch überraschend grün. Daß sie 80 bis 85, ja in manchen Lagen bereits 90 und gar 100 Grad Oechsle gemessen haben, erfüllt sie mit heimlicher Freude, trotz der Tatsache der Weinblockade.

Über dem Rheingau thront das Niederwalddenkmal, Erinnerung an die repräsentations- und demonstrationsbedürftige Kaiserzeit. Vom Gerücht, das Denkmal werde gesprengt, verlautet nichts mehr. So kann sich denn Mutter Germania beim Anblick der Trümmer von Bingen und Bingerbrück weiterhin Gedanken über den Lauf der Welt machen und überdenken, wie alles gekommen ist und welche Schlüsse sie ziehen könnte.

Wer keine Schlüsse mehr ziehen kann, das ist der

alte Kaiser Wilhelm, der genau ein halbes Jahrhundert am Deutschen Eck in Koblenz auf seinem Gaul geritten war. Vor einem Jahr hat man ihn, den amerikanische Artillerie von seinem Granitsockel herunterschoß, abmontiert, nachdem er lange Zeit kopfüber von seinem Podest herunterhing. Und es war wohl etwas mehr als das Faktum des toten Kaisers, das da kopfüber lange Zeit nach unten hing. Damals wurde er abgeschweißt und an einen Altmaterialienhändler verkauft, der ihn nun in diesen Wochen, wie man mit einem wehmütigen Unterton erfuhr, in nördliche Breiten kompensierte. Das Pietätsgefühl, sagte man, sei etwas ramponiert. Aber der alte Mann hätte es jetzt gut.

Der Abstecher

Wer von Mainz einen Abstecher nach Wiesbaden machen will, muß einen Passierschein in der Tasche haben. Mainz ist eine Stadt, durch die die Zonengrenze mitten hindurch geht. Die rechtsrheinischen Vororte Kastel, Kostheim, Gustavsburg (mit den MAN-Werken), Amöneburg (Portland-Zement und Kali) und Bischofsheim (großer Umschlagbahnhof) gehören zum Leidwesen der Mainzer zur amerikanische Zone. Sie werden von der Mainz gegenüberliegenden Stadt Wiesbaden als erfreuliche Beigabe betrachtet, zumal der Steuern wegen. Wer von Wiesbaden spricht, Hessens Landeshauptstadt, muß von der berühmten Wilhelmstraße sprechen. Sie bietet ein wildbuntes Bild mit einer Nuance Klein-Washington und einer Nuance von abgestorbener großer Welt. Die Zahl der blitzenden, lackierten Achtzylinder ist groß. Und die letzten Vertreter des mehr oder weniger enterbten Großbürgertums, der Aristokratie und der Großindustrie, die hier auf ihren Pensionen, Renten und Vermögen sitzen, wirken gespenstisch, erschütternd und lächerlich zugleich. Weit mehr als hundert Millionäre waren einst der Grundstock für die städtischen Finanzen Wiesbadens. Die Erinnerung an die ruhmreiche Vergangenheit wahrt heute nur noch der Name der Stadt und ein paar durch die Kurparks schleichende uralte chevalereske Herren, groteske Schatten ihrer selbst, die nur noch ad hoc, für den Tod nämlich, leben. Es muß gesagt werden, daß sich der Kurbetrieb, wie die Kur- und Bäderverwaltung resigniert mitteilt, »zunächst noch in kleinem Rahmen vollzieht, da die infolge Bombeneinwirkung pp. nicht beschädigten Hotels und Pensionen z.Z. beschlagnahmt sind«. So ist es denn mit Wiesbadens »uralter Heilkraft und ewig-junger Schönheit« schon so eine Sache. Die Trümmer pp. sind nicht zu übersehen. Und die Natur, die momentan Herbsttermin in den Kuranlagen hält, tut ein übriges, alles mit einem leichten melancholischen Schleier zu überziehen. Da hilft auch nicht die Betriebsamkeit einer Landeshauptstadt.

Einen Seitensprung nach Eltville, Hattenheim, Geisenheim, Rüdesheim und Aßmannshausen, nach Schloß Johannisberg, Hallgarten, Kloster Eberbach und Rauenthal wollen wir niemandem zumuten, da er gewissermaßen zwecklos ist. Aber der Hinweis auf die Zonengrenzstationen Lorch und Kaub wäre vielleicht noch angebracht, wo eine inquisitorische Visitation durch die Polizei für etwas Abwechslung sorgt. Natürlich durch deutsche Polizei, wie denn auch! Gäbe es auf diesem Erdenrund eine zuverlässigere Polizei als die deutsche?

(1947)

In Bacharach, Anno Domini 1948

Scherzo über ein Rhein- und Weinstädtchen

Er macht den Eindruck eines schottischen Landedelmanns, ist lang aufgeschossen und etwas dürr, und in seinen Gesichtszügen ist eine Nobilität, wie man sie vielleicht bei den Repräsentanten seines Berufs kaum vermuten sollte. Er ist Endfünfziger und hat den beziehungsvollen Namen Hütwohl. Er hütet nämlich das dreihundertjährige Erbe seiner Weinhändlervorfahren. Wissen und Erfahrung von elf Generationen trägt er unauffällig mit sich herum. Sprache und Klangfarbe verraten das Moselfränkische, und wenn er einen betrachtet, tut er es genau und manchmal durchdringend mit einem Schuß hintergründiger Distanz. Er ruft in den Hof: »Jakob, bitte, aus Fach neununddreißigzwei eine Flasche.« Und Jakob bringt. »Sie müssen alleine trinken«, sagt Herr Hütwohl, »ich habe heute morgen schon hundert Weinproben hinter mich bringen müssen ...«

Ein hochgerühmter Jahrgang funkelt im Pokal gelb und goldig. Da erscheint Jakob wieder im Türrahmen und sagt: »Bitte, Herr Hütwohl, ein Herr von der Militärregierung ist im Büro.« Der Herr von der Militärregierung hat vielleicht einen Deblockadeschein vorzuweisen fürs Offizierskasino in Koblenz oder in Boppard, wo man nur allerbeste Kreszenzen trinkt.

Wir vergaßen zu sagen, daß wir uns momentan in

Bacharach befinden, ganz nahe bei unserer lieben Jungfrau Loreley, genau: in Steeg bei Bacharach, im Steegertal, wo die Rieslingrebe wächst. Es ist ein historisches Tal, denn hier zogen die Heineschen Grenadiere, die nicht Weib noch Kind schierte, gen Frankreich und ließen die Köpfe hangen. Hinterher kam, vom jenseitigen Kaub übergesetzt, der alte Schnauzbart Blücher. Und demgemäß heißt die Straße durchs Steegertal zum Hunsrück noch heute Blücherstraße. Genaugenommen müßte selbige Straße jetzt Eisenhowerstraße heißen, denn der General Eisenhower kam mit seinen Panzern später hier über den Hunsrück gefahren, und vor ihm her türmten nunmehr andere Soldaten und ließen ihrerseits die Köpfe hangen.

Ach, du schönes Wiedersehen mit Bacharach Anno Domini 1948! Der hochberühmte Wein tut seine Wirkung, wir wollen es gern gestehn. Es fielen uns gewiß gute Sachen ein, die man für die Zeitung zurechtmachen könnte, wenn nur der Wein nicht wär ... Zwei Bussarde segelten oben. Ja, und was wäre sonst der Bemerkung wert? Niemals seit hundert Jahren hat der Rhein einen solchen Niedrigwasserstand gehabt. Die Schiffahrt war eingestellt. Die Kähne lagen auf Grund. Die sieben Felsenjungfrauen, wie die Leute hierzulande die Hungerfelsen nennen, saßen monatelang sündhaft nackt im Strombett, und die Heinesche Jungfrau mit goldenem Kamme schaute ihnen von oben zu wie eine Lyzeumslehrerin ihren Schülerinnen. Dafür ist inzwischen das Hochwasser gekommen.

Wir sind leider vom Thema abgekommen. Das macht die hochberühmte Kreszenz, die vor uns steht. Herr Hütwohl sagt: »Der 47er wird ein guter Wein; freilich keine ›Kanone‹, kein Jahrhundertwein, kein Kometenwein, aber er wird ein guter Wein, ja, gut wird er. Er muß schnell auf die Flaschen und wird kurzlebig sein. Er wird kein schwerer Wein, weil die Rebe wegen der Trockenheit aus dem Boden nichts realisieren konnte. 80 bis 90 Grad Oechsle haben wir gemessen, bei Spitzen sogar 100 und die Staatliche Weinbaudomäne in Kreuznach bei Trockenbeerenauslese sogar 200 Grad. Bitte, trinken Sie!« Herr Hütwohl schmunzelte.

Wohlsein!

»Blockiert ist er. Etwa 10 v.H. stehen dem Winzer zum Eigenverbrauch zu. Für die Besatzungsbehörden ist er Devisenbringer. Mit Gott und dem Teufel wird kompensiert, selbstverständlich. Die Besatzung zahlt in der Pfalz 2 Mark, in Rheinhessen 2,20 Mark und an Mittelrhein und Mosel 2,50 Mark pro Liter. Bitte vergessen Sie das Trinken nicht!«

Wohlsein!

»Das sind natürlich Papiermarkbeträge, nicht wahr. Was die französischen Besatzungstruppen mit je einem Viertelliter täglich nicht selbst trinken, was nicht in andere Zonen geht zwecks Kompensation, das wird in Frankreich gebraucht zur Weindestillation, für Weinessig, für Sekt, Liköre, Seife und Parfüms, obwohl die deutschen Weine nur geringen Alkoholgehalt haben. In großen Kesselwagen werden Zehntausende und aber Zehntausende Liter der verschiedensten Wachstümer durcheinandergeschüttet, und es rollt dann südwestwärts. Es ist zum Heulen, wenn es nicht manchmal doch zum Lachen wäre – Jakob!« ruft Herr Hütwohl in den Hof.

Wohlsein!

»Also wenn es nicht manchmal zum Lachen wäre! Es gibt hierzulande jetzt drei Weinsorten: Weiß-, Rot- und Schwarzwein, verstehen Sie, schwarzen Wein, verehrter Herr! Kein Winzer weit und breit, der heute noch eine Hypothek auf seinem Haus hätte, 1942 hatte die Kreissparkasse St. Goar noch 25 Millionen Mark Hypothekendarlehen ausstehen. Heute ist auch die letzte Winzerhypothek abgelöst. So ist das nämlich: Sie sind alle wohlhabend geworden, trotz der Blokkade. Nicht: Im Wein liegt die Wahrheit, sondern: Im Schwarzwein liegt die Wahrheit.«

Wir schwenkten den Hut. Auf Wiedersehen! Zwei Pullen des Hochberühmten trugen wir im Arm. Der Geist war nicht mehr ganz willig, bitte sehr!

Da kann man nichts machen

Von Nebel durchwirkt, lag dann am Morgen Bacharach vor dem Hotelfenster. Der Rhein wälzte sich ungebärdig mit schäumenden Fluten dahin. Vom Kirchturm schlug die Uhr, die Bacharacher wissen lassend, was die Stunde geschlagen hat. Zwei Zugochsen waren in ihr Gefährt geschirrt, und einer von ihnen genierte sich nicht, ausgerechnet vor dem Rathaus das fallen zu lassen, was man am besten mit des Leibes Notdurft umschreibt. Ein Kind im Sportwägelchen wurde vorbeigefahren. Leise sagt der Bacharacher Herr: Dies Kind sei ein Souvenir der französischen Besatzungstruppen. Zehn Stück hätten sie zurückgelassen in diesem kleinen Bacharach ...

Von oben schaut die Burg Stahleck herunter und die Gotik der St.-Werner-Ruine. Es riecht in allen Gassen stramm nach dem »Neuen«, dem Siebenundvierziger, der schon in allen Fässern tobt und rumort. »Lieber

Herr«, sagt der Bacharacher. »Sie hätten im Oktober hier sein müssen, als das Winzerfest gefeiert wurde mit Umzug, Tanz und Trara. 70000 Flaschen waren von den Franzosen auf Lebensmittelkarten freigegeben; die Flasche zu 6,50 Mark. Nachher kamen die rechtschaffenen Schwarzhändlerprofis und kauften die Flasche für 25 Mark. Da kann man eben nichts machen.«
Nein, da kann man nichts machen ...

Wohlsein!

(1949)

Vom traurigen Weinberg

Goethe und der 47er

Goethe, ein Sohn dieser Breiten, hat die Weinbeschlagnahme im »Westöstlichen Diwan« vorausgesehen: »Da wird nicht mehr nachgefragt, Wein ist ernstlich untersagt!« Die alten, leicht verstaubten Barden der Rhein- und Weinromantik sind nicht mehr zeitgemäß, und die Poesie hat ein Loch bekommen. Dieses Loch freilich hat jüngst mit einigem Talent ein Mainzer Heimatdichter, als es zum Weinmarkt auf Lebensmittelkarte für fünf Tage (je Tag je Person je eine Flasche) Wein gab, gestopft.

Und damit wären wir schon mitten drin im Thema, bei Winzerfest und Weinmarkt.

Nun finden sie an manchen Orten wieder statt, wenn auch gewissermaßen unter Ausschluß der Öffentlichkeit. Fremdenbesuche sind verbeten, jedenfalls unerwünscht. In den Lokalzeitungen wird der alte Brauch mit fünf Zeilen begleitet, damit es ja nur nicht weitherum publik wird. Und soweit rheinischer Frohsinn optisch in Erscheinung treten kann, ist es eine Tanzfestlichkeit der Winzer ganz unter sich, ohne Festumzug und ohne großes Getöse. Die Alten, wenn's hoch kommt, tanzen Rheinländer und Walzer, die Jungen, das ist klar, Rumba, Swing und Onestep, und damit ist schon ein wenig die Veränderung angedeutet. Draußen, nicht wahr, rauscht dann der Strom dazu, und der Mond kommt über die Taunus- oder Hunsrückberge, je nachdem. Die Romantik ist noch immer garantiert.

Die Weinlese ist, abgesehen von Spätlesen und feineren Auslesen, überall, an Rhein, Ahr, Mosel und Nahe, im Rheingau, in Rheinhessen und in der Pfalz, beendet, und der »Neue«, der 47er, tobt und rumort bereits in den Fässern und ist in voller Gärung. Schon im September, wenn sie über den Daumen peilten, schmunzeln sie: Das möchte ein Jahrgang werden! Nun, da er schon in der Gärung ist, wo er schon »lockelt«, wie sie in ihrem ebenso treffenden wie schalkhaften Provinzialismus sagen, zeigen sich bereits Mostgewichte (von 75, 80, 90, gar 100 Grad Oechsle bei Spitzengewächsen), da ihnen »das Züngle von selbst wie e Ziegeschwänzle im Munde hin und her fliegt«. Die Sonne dieses Sommers hat dem Wein überall einen ungewöhnlichen Zuckergehalt gegeben, der Säuregehalt ist mäßig. In den Qualitätslagern werden es überall ansprechende und vollmundige Naturweine. Auch die mittleren Lagen ergeben noch brauchbare Naturweine.

Daß auch der Fremde in den Weinbaugebieten mal wieder eine Flasche trinken kann, daran ist einstweilen nicht zu denken. Der gesamte Wein, das ist kein Geheimnis, ist von der Besatzung beschlagnahmt oder, wie es euphemistisch umschrieben wird, blockiert. Für Besatzungstruppen, Export und Interzonenhandel. Nur einen bestimmten Prozentsatz dürfen die Winzer für den eigenen Verbrauch behalten. Und dieser Prozentsatz vermittelt nur eine klägliche Portion Frohsinn und – sollte man sagen – sonstiger Möglichkeiten. Die Flasche Wein aber ist bei Handel und Wandel bestimmter Währungsfaktor geworden. Der Wein ist »Devisenbringer«, geht ab in nahe und ferne Länder, kompensiert dies und jenes und alles und noch einiges mehr, und seine dunklen Wege sind kompliziert und doch wunderbar. Er ist die Komponente der Kompensation.

Das Maultier geht im Nebel seinen Weg, sagt Goethe. Auch der Wein, bitte schön, auch der Wein sucht im Nebel seinen Weg. Man höre sich einmal um bei den Schwarzmarktstrategen in allen großen deutschen Städten.

Der Wein bietet Perspektiven

Wer Wein hat, hat alles! sagt ein momentan geflügeltes Wort hierzulande. Die einst bis über die Ohren verschuldeten Winzer sind heute meist entschuldet und sogar wohlhabend geworden. Auch die Kriegsjahre, als die Zahlmeister der deutschen Wehrmacht mit dikken Geldkatzen die Weinbaugebiete bereisten, waren fette Jahre. Das soziale Ansehen der Winzer und Weinhändler ist gewaltig gestiegen. Die Töchter wurden begehrte Heiratsobjekte, sobald die Väter mehr als zehntausend Stock besaßen. Regierungsräte und Rechtsanwälte kürten sich die lieblichen Bacchus-Töchter zu Frauen. So bietet der Wein, was ja in seinem Wesen liegt, mancherlei Perspektiven und unerschöpfliche Gesprächsstoffe, auch heute noch, ja heute ganz besonders. Auch wenn, wie wir sehen, der Wein blokkiert ist und sich Rhein und Wein nicht mehr zu reimen scheinen. Zuckmayer, wie Goethe ebenfalls mit den Wassern des Rheins getauft, könnte heute statt des fröhlichen ganz ruhig den traurigen Weinberg schreiben. Der Berichterstatter reicht trotz allem vertraulich das Erlebnis einer dreitägigen Weinreise weiter: Kein Tag, an dem er nicht einen gottseligen Rausch mit ins Bett nahm. Man muß nur, liebe Freunde, die Quellen wissen.

(1947)

Eine Winterfahrt an die Mosel

Peinlich unverbunden

Es ist nicht mehr die auf Goldgrund gemalte Landschaft. Zwar ist der Fluß noch ruhig, milde und gelassen, aber vom Trara einstiger Moselpoesie ist nicht viel mehr geblieben als das Geranke der Rebstöcke. Das literarische Geranke ist panisch zerstoben. Jabos, Artillerie und Pionierkommandos haben sämtliche 22 Brücken von Koblenz bis Trier zerbombt, zerschossen und gesprengt. Und der nämliche Jammer, die nämliche Zerstörung und Verwüstung, wie sie Vater Rhein getroffen haben, haben auch Mosella, seine liebliche Tochter, getroffen. Das Moseltal, das einst Andächtige mancherlei Art anzog, bleibt peinlich unverbunden. War das Tal einst nicht mehr als ein Panorama von Farben und Lichtern, Weinhängen, Dörfern und Burgruinen? War es nur Bild, nur Eindruck und äußeres Gesicht? Ich sitze im Zuge und fahre moselaufwärts. Es ist Januar und das Jahr 1947. Schnee liegt im Tal und an den Hängen, und es ist das erstemal seit fast zwanzig Jahren, daß die Mosel an manchen Stellen zugefroren ist.

Der Zugführer hat es anscheinend zu einer gewissen Meisterschaft im Übersehen bestimmter Eisenbahnvorschriften gebracht. In Winningen wird eine protestierende Ziege ins Reisendenabteil geschoben, wodurch das Wiedersehen mit der Mosel viel an Feierlichkeit verliert. Aber der Mosel sind ohnehin, wie wir schon sahen, das Pathetische und die Poesie genommen. An den offenen Abteilfenstern, denen beiderseits die Scheiben fehlen, die den scharfen Luftzug ungehindert hereinlassen, sehe ich die hundert und aberhundert Szenen: Die Burg Thurandt ist zerschossen. Ein deutscher Artilleriebeobachter hat dort gesessen. Am zweiten Weihnachtstag 1946 ist durch ein Schadenfeuer auch noch der Rittersaal abgebrannt. Seit acht Tagen ist die Brücke zwischen Karden und Treis notdürftig wieder befahrbar. In Kobern stehen ausgebrannte Hausskelette. Das Bahnhofsviertel von Cochem ist zerstört. An einem Kirchendach hat sich das Schicksal entladen. Langsamen Schrittes, das schwarze Büchlein lesend, stakt ein Pfarrer in langer Soutane durch den Schnee. Der Mann wird frieren. Krähen schreien und ziehen schwirren Flugs dahin, wie es bei Nietzsche heißt. Vor manchen Häusern liegen Fuderfässer. Einem Weinkommissionär ist das Hausdach abgedeckt. Merkwürdig, ein neues ist bald drauf. Maischebottiche und Traubenmühlen sehe ich manche in den Dorfgassen stehen. An der Moseluferstraße bastelt ein Mann an seinem Holzgasgenerator, und man meint, ihn fluchen zu hören. Eine Trikolore weht über einem Gebäude, das vielleicht das Bürgermeisteramt ist. Am Zug vorbei wandern die Legionen der Rebstöcke, hangauf, hangab, traurig und verspielt, Terrasse über Terrasse. Vielleicht frieren auch sie. Ich lese schnell, vorüberhuschend die Lagen der Namen: Mülheimer Sonnenlay, Koberner Ulener, Klottener Rosenberg, Cochemer Schloßberg. Christophorus steht sinnierend an einer Kapelle, in die die frierenden Rebstöcke, von franziskanischem Wohlwollen empfangen, buchstäblich hineinmarschieren. Sofort weiß man es, und man braucht die

Kirchtürme nicht zu zählen. Das Trierer Domkapitel herrscht hier seit vielen Jahrhunderten. Das Moseltal ist nicht nur ein Weinberg des Rieslings, es ist auch ein Weinberg des Herrn.

Wer zählt die Dörfer, nennt die Namen? Zu heizen haben auch Moselaner nichts, wie sollten sie auch. Auch an den Fenstern ihrer Wohnstuben wollen die Eisblumen nicht weggehen. Vielleicht heizen sich die Leutchen von innen ein. Das Plus haben sie der übrigen Menschheit gegenüber.

Seit November 1946 kann die Eisenbahn wieder die Brücke bei Eller passieren. Aber weiter als Neef geht es nicht. Dort muß man sich der Moseltalbahn anvertrauen, ein Miniatureisenbähnchen, das auf die Reisenden in Richtung Traben-Trarbach, Bernkastel, Trier wartet, ein buckliges, kümmerliches, hoffnungsloses und verwahrlostes Kind Merkurs, das dem Reisenden mit seiner Flugasche rücksichtslos ein Loch in den Mantel brennt, ein symbolisches Wesen für die träge Mosel, des 20. Jahrhundert obstinat spottend.

Kompensation

Nun, da die Ziege verschwunden ist, wird eine neuartige Burleske im Abteil gespielt, überzogen freilich vom Schimmer heiteren Glanzes: Im Abteil stinkt es penetrant. Eine Frau, eine Kölnerin, ein erbarmungswürdiges, ausgehungertes Wesen, bekennt sich zu diesem Gestank. Sie hat sechzehn Heringe bei sich, genau sechzehn. Für vier Heringe geben sie an der Mosel eine Flasche Wein. Kompensation, sagt die Frau. Von dieser Kompensation lebt sie. Und damit steht auch dieses Kapitel schon überlebensgroß vor uns: Man kann es auch an der Mosel nicht wegdiskutieren. Der Wein ist für die Besatzung blockiert. Aber der schwarze Markt, der Tausch oder, wie die Kölnerin sagt, die Kompensation, blüht auch hier, und er ist selbst bei diesem frommen Völkchen längst keine Frage der Moral mehr (wo wäre er das!), er ist eine Frage des Kommerziellen, des Sozialen, des Kriminellen und des Hungers gleicherweise. So ist der Wein aus den Bereichen des Dionysischen in niedere Gefilde gestiegen. Wie in anderen Zonen die Zigarette, so ist an der Mosel die Flasche Wein zum bestimmenden Währungsfaktor geworden.

Die Realität dieser Heringsszene ist des Zufälligen schnell entkleidet. »Wir haben zu Weihnachten das erstemal nach dem Zusammenbruch etwas Zucker bekommen, Nährmittel kennen wir kaum«, sagt eine Frau, die nach Zeltingen will, »das Brot haben sie uns kürzlich von 300 auf 200 Gramm täglich herabgesetzt, und den Wein, ja den Wein haben sie beschlagnahmt. Die Weinberge sollen ja jetzt auch auf die Demontageliste kommen.«

Nachkriegsnöte in Bernkastel

In Bernkastel steigen wir aus, das Kreisstädtchen, das wie Berlin den Bär im Wappen führt. Seit 1905 ist ihm das gegenüberliegende Kues eingemeindet. 5000 Einwohner sind nicht viel, aber genug, wenn man eines Tages vor die Aufgabe gestellt wird, plötzlich hundert französische Familien aufnehmen zu müssen. Und die französischen Beamten der Administration kamen nicht nur mit Kind und Kegel, sie kamen mit Müttern und Großmüttern an. Da die Bernkasteler den Bombenteppich vom 2. März 1945 nicht so schnell verschmerzen können, der sie 66 Tote und manches Haus kostete, hatten sie natürlich ihre Not mit der Unterbringung. Sosehr sie mit der Konzilianz der französischen Beamten einverstanden waren, sowenig begrüßten sie die zahlreichen Requirierungen, die von der versenkbaren Nähmaschine bis zu Radio und Bettstatt gingen. Und das fraternisierende Bemühen der Besatzungstruppe litt nicht wenig.

Besuche einiger Weinkeller würden nicht nur von weit her gereiste Zeitungsschreiber reizen. Proben des »Jungen«, des 46ers, der in den Fässern tobt und rumort und auf seinen ersten Abstich im Februar wartet, ließen, was die Güte anlangt, einigen Optimismus zu. Zu viert wurde ein Stehkonvent aufgemacht: der Winzer, der Stadtinspektor, der Stadtbaumeister und der Zeitungsschreiber. Das Männerkollegium genehmigte sich einige Jahrgänge, 43er, 44er, 45er und auch den jungen 46er, abwechselnd. Ein Diskurs über Farbe, Geruch und Geschmack löste eine Generaldebatte aus über Heringe und Weinblockade, und es erging dem Zeitungsschreiber, von der Seltenheit der Jahrgänge betört. leider nicht so wie dem von der Vogelweide, der gern trank, »wo man recht mit Maße schenket und wo an Unmaß keiner je gedenket«. Es stellte sich alsbald heraus, daß Leute aus fremden Zonen, wo kein Wein wächst, leider, leider nichts mehr vertragen können. Nur die Einheimischen erwiesen sich als Männer großen Formats. Allerdings erwies es sich auch, was für ein schwacher Gebrauchsartikel unser Wort ist, wenn man den Moselwein zu beschreiben hat und ihn loben möchte.

Als sich der Schreiber später auf seine nächtliche Lagerstatt, die stadtinspektorliche Couch, zurückzog, freundlich deklinierend: die Mosel, der Mosel, der Mosel, die Mosel, da kam der Gedanke, ob diese Landschaft nicht doch noch auf Goldgrund zu malen sei. Und als am nächsten Tage die Natur ihre Mittel in Bewegung gesetzt und Winter und Sonne alles, Berg, Baum, Rebstock, Städtchen und Himmel, mit den wundervollsten bengalischen Effekten versehen hatte, als das Licht unablässig Formen trieb und Farben projizierte, da war es klar: Es muß sie doch noch geben, die Moselpoesie!

Der wundertätige Wein

Die hochmögenden Herren vom Trierer Domkapitel, die Herren mit Mitra und Krummstab, haben allezeit nicht nur dem einen Herrn gedient. Auch Bacchus, der Gott des Weines, war seit eh und je der heimliche (und vielleicht auch unheimliche) Kumpan. Anno dunnemals lag einer der Trierer Bischöfe mit Namen Boemund auf den Tod darnieder. Ärztliche Kunst und alle Medizin versagten. Da kam ein benachbarter Winzer mit einem Fäßchen edlen Weines. Der bischöfliche Kurfürst trank und genas auf der Stelle. Der Wein war sein Doktor geworden, ergo: »Bernkasteler Doktor«. Niemand wird sagen wollen, dies sei nicht eine wunderbare Story und der pointierte Beschluß einer Moselreise.

Der »Bernkasteler Doktorwein« ist einer der berühmtesten auf diesem Planeten, natürlich auch einer der teuersten. Unmöglich war es, sein Verhältnis zum schwarzen Markt zu ermitteln. Aber ich konnte ihn probieren, den »Doktor«, heimlich, wie es sich gebührt, ein Schweigegelöbnis mußte ich tun mit dem Blick zur Kommandantur, an der die Trikolore weht. Und auch hier bleibt dem Chronisten nichts übrig, als zu sagen: Es gibt ihn noch. Freilich geht er nicht mehr nach London, wo einst seine Hauptabnehmer saßen, nicht mehr zu denen, die früher im Ruhrgebiet und in Berlin die dicksten Aktienpakete hatten. Er liegt in plombierten Waggons via Kehl–Straßburg, wo sie den Bernkasteler »Olk«, »Lay«, »Rosenberg«, »Schwanen«, »Pfalzgraben«, »Badstub« und den »Stein der Weisen« hinzugestapelt haben. Da geht er hin.

Zwei Flaschen Bernkasteler hatte ich in meiner Aktentasche, als ich auf dem Bahnhof stand, zu dessen Füßen die Moselponte von Kues anlegt (die mächtige Brücke liegt im Fluß). »Ein neues Seil für die Ponte haben wir aus der britischen Zone bekommen, hintenherum«, sagte mir einer, der es wissen muß, »für tausend Mark und fünfzig Flaschen Wein. Beim Bürgermeister erscheinen ständig Leute aus der britischen Zone. Einer sagt: Braucht Ihre Stadt elektrische Kochplatten? Ich liefere Ihnen tausend Stück frei Haus Bernkastel. Einer sagt: Braucht Ihre Stadt Zement? Sackweise geht es leider nicht. Ich liefere Ihnen zwei bis drei Waggons frei Bernkastel. Um den Transport braucht sich die Stadt nicht zu kümmern, das lassen Sie meine Sache sein.«

Was die Leute dafür haben wollen, für Kochplatten und Zement? Ob sie Geld dafür haben wollen?

Gespannt bin ich, ob ich meine zwei Flaschen durch die Grenzkontrolle kriege.

(1947)

Vinum bonum

Ein Leichenwagen aus Wesermünde fuhr in einem Dörfchen im Moselkrampen vor. Bei Nacht und Nebel. Ein Leichenwagen ist niemals zum Lachen, obwohl dieser zum Lachen war. Denn man lud heimlich Heringe ab und unheimlich Wein auf. Sollte der Tod verulkt werden oder die Polizei? Die Polizei war es, die den trauernden Hinterbliebenen auf die Sprünge kam.

Zum Bürgermeister eines Moselstädtchens kam ein Herr aus nördlichen Breiten. Bitte, sagte der Herr aus den nördlichen Breiten, Ihre Stadt hat durch den Krieg etwas gelitten. Sie brauchen Zement, nicht wahr?

Das Städtchen, von dem die Rede ist und das hier stehen kann für all die hundertfünfzig Moselorte von Koblenz bis Trier, ist berühmt seines Weines wegen, den ein eifriger Propagandist vor ein paar Jahrzehnten »Schwarze Katz« taufte. Der Propagandist starb, die »Schwarze Katz« tat das Gegenteil. Zum Ruhm der Mosel trug sie nicht weniger bei als die in den zahlreichen Ortsprospekten garantierte Romantik und die idyllische Lage und ein gewisser literarischer Liebeskummer. Das Städtchen, dekorativ an den Fuß der Weinberge geklebt, hat Landratsamt, Amtsgericht, zwei Pfarrer, die den Weinberg des Herrn, mehrere hundert Winzerfamilien, die die Weinberge der »Schwarzen Katz« betreuen. Es hat eine Johannes-, Marien-, Backhaus-, Käs- und Zehnthausgasse, und die Leute haben sicher einst Biedermeier geheißen, wie sie heute – auf dem Kriegerdenkmal zu lesen – Schier, Weis, Baldes und Theisen heißen. Etwas bäuerliches Barock ist im Städtchen, etwas Gotik. Über die alten Fortifikationen wuchern Efeu und Rebstock nebst den Jahrhunderten. Lokal- und Weltgeschichte sind nicht zu übersehen. Die Lokalgeschichte reicht von Franz von Sickingen, der die Stadt vergeblich belagerte, bis zu den Synagogenschändern des Jahres 1938, die Weltgeschichte von den Römern bis zu den Soldaten Pattons und Models, die hier letzte Scharmützel austrugen, und bis zur Trikolore, die von der Ortskommandantur und von der Gendarmeriestation weht.

Sind die Kirchenglocken von ihrer langen Kriegswanderschaft zurück? Dies scheint wohl so, denn um die Vesperstunde rufen sie hier und da ins stille Moseltal hinein. Wer sich ein wenig Phantasie bewahrt hat, hört deutlich, was die Glocken rufen. Vinum bonum – vinum bonum! Guter Wein – guter Wein! rufen sie. Und dazu haben sie in diesem Jahr denn auch allen Anlaß. Guter Wein! Der 47er wird ein Jahrhundertwein werden, das scheint nun festzustehen, ein Kometenwein, er bietet von Koblenz bis Trier unerschöpflichen Gesprächsstoff. Schon jetzt möchten sie ihm eine Festrede halten.

In diesen Tagen wurden die Weinberge geöffnet, und die Lese des 47ers hat begonnen. Wer aber glaubt, die Weinlese sei ein poetisches Handwerk und von Singsang und Klingklang glutäugiger Moselmaiden begleitet, der lasse sich einmal belehren. Der Weinbau ist ein sehr hartes Handwerk, und die Menschen sind von viel Plackerei gezeichnet. Der heiße Sommer dieses Jahres, der auf den nahe gelegenen Eifel- und Hunsrückhöhen eine nie gekannte Dürre brachte, hat den Winzern, da die Trauben früh ausreiften, dafür eine um so bessere Ernte gebracht. Der August war der richtige Kochmonat, und der September tat das Seinige hinzu. Aber die Sorgen lassen auch den Winzer nicht ruhen. Seine erklärten Feinde, Perenospora und Oidium, Heu- und Sauerwurm, machten nicht allzuviel Scherereien. Aber wo sind die vielen kräftigen Arme ihrer Männer und Söhne? Leben nicht noch viele in der Welt des Stacheldrahtes? Müssen nicht viele Winzer, weil ihnen das Zugvieh fehlt, ihre Leiterwagen selbst die steilen Weinbergswege hinaufziehen? Es gibt kaum eine Tatsache im Winzerjahr, bei der nicht »einerseits« und »andererseits« zu sagen wäre. Einerseits ist die Qualität des 47ers hervorragend, andererseits läßt die Quantität zu wünschen übrig. »Ohn' des Himmels Gunst ist alles Tun umsunst« steht an einem Kellereingang. Mit diesem Spruch könnten sie jedes Fuderfaß und jede Weinflasche etikettieren.

Die Mosel ist der ruhige, gelassene und intime Fluß geblieben, und sie führt noch immer ihren einzigartigen Mäanderlauf. Aber das Tal ist doch ein anderes geworden. Nur ein paar der 22 zerstörten Brücken sind notdürftig wiederaufgebaut. Die Gierponten sind wieder in ihre alten Rechte getreten. Die Fremden aber, die früher manches Flöckchen Wolle in der Hecke hängenließen, kommen nicht mehr, es sei denn mit Rucksäcken und Koffern fragwürdigster Bauart und einem nicht ganz reinen Gewissen obendrein, um den Kampf ums Dasein zu führen, nicht aber, um auf einer Moselterrasse zu sitzen, eine Flasche zu köpfen und mit dem Winzer ein bißchen über das Leben zu reden. Damals regierten sie über das Leben. Jetzt ist es umgekehrt: Das Leben regiert über sie.

(1947)

»D'r Schwob muß halt schaffe«

Der Teufel meckert

Der etwas urbane Herr trug, obwohl es die warme Jahreszeit war, einen Offiziersmantel von elegantem Schnitt. Er hatte das Gesicht eines Asketen, aber in seinen Augen, stechenden Pudelaugen, war eine unablässige, ja, wenn man so sagen soll, feurige, flackernde Glut. Er stieg als erster ins fast leere Abteil. Die nachdrängende Rotte, etwa fünfundzwanzig Menschen, mehr Frauen als Männer, hatte eine erfrischende Art, ihre Anwesenheit kundzutun. Sie waren überaus fröhlich, aber von einer seltsam wunderlichen Fröhlichkeit. Kaum daß sich das Zügle wieder in Bewegung gesetzt hatte, stand der Herr im Offiziersmantel auf und begann mit etwas tiefer Stimme folgenden Gesang: »Das Blut des Lammes reinigt uns.« Als ob all diese Menschen auf den Einsatz gewartet hätten, fielen sie, übrigens mit tiefer Inbrunst, in den Gesang ein, zuweilen bildete sich eine zweite Stimme: »Das Blu-ut des La-ammes reinigt uns!« Das Überraschende war, daß sie es in einer ausgesprochen schlagerhaften Juchheissassa-Manier sangen, in einer närrischen Phantastik. Etwa zehn Strophen hatte das Lied. Ein Mitreisender erlaubte sich die Frage, wer sie seien. Eine Frau, Mitte Fünfzig: »Wir sind die Gemeinde Gottes!« Mein Nachbar, ein Arbeitsmann mit dicken fleischigen Händen, mit etwas hintergründiger Skepsis im Ton, meinte, das seien wir doch alle, und sofort schleuderte, wie Zeus seine Blitze, eine Frau das Wort ins Abteil: »Der Teufel meckert!«

Der Zug fuhr neckaraufwärts, etwas behäbig, etwas beschaulich, es war früher Abend, ab und zu konnte man die Teck sehen und den Hohenstaufen, und nicht sehr weit lag Tübingen. Hier, im Land der Poeten vom Wanderstecken, im Bereich der Schwäbischen Alb, wo die Städtchen noch so schöne Namen wie Nürtingen, Reutlingen, Pfullingen, Gönningen, Mössingen, Hechingen, Münsingen und Trochtelfingen haben, wo es so schöne Berge gibt wie Hohenstaufen, Hohenrechberg, Hohenneuffen und Hohenzollern, da fuhr nun die Gemeinde Gottes durchs Land, gewillt und entschlossen, die Menschheit zu bekehren. Ihre Augen waren weit aufgetan, freilich mehr nach innen als nach außen. Der Arbeitsmann mit den fleischigen Händen sagte: »Es ist eine Sekte. Hier gibt es viele Sekten. Heut noch mehr als früher.«

Der Maler und der Fabrikant

An der Sperre des kleinen Städtchens erwartete mich der Maler. Der Flüchtlingsmaler aus Tilsit. Im Frühjahr hat er die beiden Töchter des Metzgermeisters, einen Schnapsbrenner und die Gattin des Textilfabrikanten porträtiert. Er sagt es auf die Frage, wie es ihm gehe, was er treibe. Mit ein wenig Zynismus, entsprechend dem geistigen Zustand seiner Generation. Er wohnt bei dem Textilherrn unterm Dach, in zwei schrägwandigen Gelassen; das eine ist ihm, das andere seiner

Frau Atelier, die Kinderbücher illustriert und Blumen malt für den Sparkassengiroverband in Stuttgart. Zwecks Werbung für das Kindersparen.

In diesem Trimester hält der Maler eine Vortragsreihe in der Volkshochschule. Thema: Einführung in die moderne Malerei. Hörer: das Pfarrersehepaar, einige Junglehrer, ein Kohlenhändler, die Gattin des Textilherrn, die Familie des Sägewerkbesitzers, viele Bürger, Männer, Frauen, Töchter, auch einige Arbeiter, besonders junge. Feststellung: Die Frauen sind geistig viel mehr interessiert als die Männer. Dieser Wandel scheint allgemein zu sein. Die Männer haben keine Zeit. Mit dem Epidiaskop projiziert er die Bilder an die Wand, ausgehend von der Malerei des 19. Jahrhunderts. Er will die Vorurteile gegen die moderne Malerei beseitigen und die Leute das Sehen lehren. Der Maler, selbst ein Moderner, wird maliziös und spitz gefragt, ob denn die Modernen auch Porträt malen können. Feines, hintergründiges Lächeln. – »Nein«, sagt er, obwohl er es kann, »wie können es nicht. Es geht nicht. Aus ästhetischen Gründen. Wir wissen nämlich zu viel vom Menschen. Wir sehen zu viel Trümmer im Menschenangesicht, zu viel Verworfenheit, Unheil, Leid und Grausamkeit. Es würden entsetzliche Bilder werden. Die äußeren Trümmer in der Welt sind gar nicht so schlimm. Viel entsetzlicher sind die Menschentrümmer, verstehen Sie?« – Das verstanden sie.

Geschützt gegen rauhe Winde und kalte Nächte, geschützt gegen die Einbrüche der Wetter, die sich oben in der Alb entladen, liegt das Städtchen, dessen Name nichts zur Sache tut, am Neckar, der wie eine Schmuckschleife gen Norden zieht. Wohlgefällig spiegelt sich das propere und saubere Städtchen im Fluß. Der Krieg hat ihm direkt nichts, indirekt einiges angetan. Manchmal murren die Neubürger etwas, die Leute mit dem harten Akzent in der Rede, die in den schrägen Dachgelassen wohnen, wo sie im Winter kostenlos mit den Zähnen klappern, im Sommer, wenn es danach ist, unter der Glut der Dachpfannen schmoren dürfen.

Neben dem Pfarrhaus steht das Kirchlein mit etwas Barock, stumpfem Turm und der Uhr, die ihre Viertelstunden herunterhaspelt. Das Storchennest auf dem Kirchendach ist seit zehn Jahren verwaist. Der Militarismus ist schuld. Der Kriegerverein schoß damals krachende Salven, wenn sie einen in die Erde taten. Das war den Störchen nicht bekömmlich, dieser militärische Zauber, und ins Land der Pyramiden flohn'n sie schleunigst übers Meer, wo sie der Pfarrer gesehen haben will. Er kam nämlich kürzlich aus einem Kriegsgefangenen-Camp aus Ägypten.

Es ist ein bürgerlich-bäuerliches Städtchen. Arbeiter gibt es viele. Aber es gibt keine Proletarier. Nicht einen. Die meisten haben ein eigenes Häuschen, viele eine Kuh im Stall. Sie müssen werken von früh bis spät, diese Schwaben. Müssen!

Der Fabrikant fuhr mit seinem Wagen den Neckar hinauf. Er sah einen Straßenarbeiter. War das nicht der ... Ja. Siebzig Jahre war der Arbeiter alt geworden, war zweiundfünfzig davon in ein und derselben Fabrik gewesen, in seiner, des Fabrikanten nämlich, hatte sich und zwei Töchtern in dieser Zeit je ein eigenes Haus gebaut und sich zur Ruhe gesetzt mit Altersrente und einer Pension der Firma. Aber dann überkam den Alten wieder die Arbeitsgier. Er hatte sich erneut als Straßenarbeiter verdungen. »Sie?« sagte der Fabrikant, der angehalten hatte. »Ha no«, sagte der Alte, »d'r Schwob! M'r muß halt schaffe!« Ruhen, Ausruhen, Alter genießen? Nichts davon. »Schaffe!« Das ist es. Schaffe, bis auf dem Grabstein steht, von Palmen eingefaßt, goldene Buchstaben, in Sandstein gemeißelt: »Auf Wiedersehen!«

Kürzlich kam ein Amerikaner ins Städtchen gefahren mit einem schimmernden Buick, ein hoher Herr vom Bipartite Control Office. Ob die Gräber seiner Großeltern noch da seien, fragte er den Pfarrer, Großeltern väter- und mütterlicherseits? Sein Vater sei ausgewandert, anno dazumal nach drüben, und nun wolle er mal nachsehen hier im Schwabenland. – »Ja«, sagte der Pfarrer zu ihm, »die Schwaben. Die Schwaben sind nicht die Schlechtesten gewesen, die bei euch das Land gedüngt haben. Die Schwaben haben ein bißchen was verstanden, wie?« »Yes!« lachte der Mann mit dem schimmernden Buick, und »Okay!« lachte er mit seinem herrlichen amerikanischen Gebiß und war sehr traurig, als nichts mehr zu machen war mit den längst vermoderten Opas. »Schade, schade, Reverend«, sagte er und drückte dem Pfarrherrn die Hand. Dann rauschte er mit dem dicken Buick davon, gen Frankfurt, weiterhin Old Germany zu verwalten.

(1948)

Impressionen

Die Kettenblume

Nun ist es September 1946 und das Ende des Sommers. Der Chronist schreitet durch fremde Wiesen, er tut es mit einem Rucksack zu einem gewissen Behuf. Schlichte Gedanken bewegen ihn. Die Wiese, auf der zwischen Hirtentäschel, Sternmiere und Hundspetersilie letzte Kettenblumen blühen, sieht er kaum mit Bewußtheit. Im leichten Winde läßt der Löwenzahn seine weißen Pappus-Partikelchen wie winzige Fallschirme über die Wiesenpläne segeln, zu keinem andern Zweck als dem der Arterhaltung, wenn das Wort erlaubt ist.

Ein fremder Mensch sitzt am Wiesenrand und läßt sich von der Sonne bescheinen, die ausnahmsweise an diesem Septembertag zu ihrer Pflicht zurückgefunden hat. Es ist ein Mann in derangierter Kleidung mit einem Gesicht, mit dem nicht viel anzufangen ist. Der Mann stiert auf die Wiese, und wer weiß, was hinter den Schläfen gedacht wird. In seinem Mund hat er einen langen Grashalm, der ab und zu von einem Mundwinkel zum andern wandert. Es ist nicht zu sagen, ob der Mann vierzig oder fünfundfünfzig Jahre alt ist. Man hat den Eindruck, als ob ihm das Schicksal nicht wohlgesinnt ist. Aber wem ist das Schicksal heutzutage wohlgesinnt?

Das ist der Augenblick, wo der Chronist, vielleicht

zehn Meter entfernt, am Wiesenrain ebenfalls Platz nimmt, um seinerseits ein bißchen der Wiesenbotanik sein Augenmerk zuzuwenden. Zuerst sieht er natürlich die weißen Schöpfe der Kettenblumen, und das Verlangen aus Knabenjahren ist in ihm, hineinzupusten. Diese Pusteblumen in der Gräserplantage geben viel zu denken, das steht fest, und großartige Illusionen aus Knabenjahren werden wach. Aber die brennende Frage ist in ihm zu erfahren, was das für ein Mensch ist, der dort sitzt und langsam und bedächtig den Grashalm im Mund in Bewegung hält. Der fremde Mensch ist nämlich ganz woanders. Nicht hier. Der Mann ist mit seinen Gedanken weit fort. Vielleicht, wer kann es wissen, möchte er in der Arktis Polarfüchse fangen oder in Texas Zedern und Platanen fällen.

Da tut der Fremde etwas Überraschendes, etwas so rührend Unschuldiges, etwas so wunderbar Poesievolles, der Mann zwischen Vierzig und Fünfundfünfzig, daß dem Chronisten nichts übrigbleibt, als eine Weile den Atem anzuhalten. Der Mann steht auf, geht vier oder fünf Meter in das Wiesenfeld hinein und pflückt eine Kettenblume, trägt sie auf langem Stengel behutsam zu seinem Platz zurück und setzt sich wieder hin, Er äugt kurz zu dem Chronisten hinüber. Lächeln und Bitternis zugleich wohnen in seinem Gesicht, und bläst zärtlich in den weißen Wollkopf der Blume. Die kleinen Fallschirmchen schicken sich an, sich dem leichten Wind in die Arme zu werfen, und segeln davon, und zweifellos segeln auch die Gedanken des Mannes.

In diese Andacht des Fremden fällt die wohlgemeinte Bemerkung des Chronisten: »Schön, was?« Im ersten Augenblick war er nicht ganz sicher, ob er den

Beifall des Fremden fand. Aber der drehte den Kopf, und ein erneutes Lächeln hielt auf dem fremden Gesicht seinen Einzug. »Ja«, sagte er, und er sagte es bitter, »das kann man wohl sagen.« Und dann schwieg er und beschäftigte sich vielleicht mit der Schönheit der Blumen im allgemeinen und der Existenz Gottes im besonderen, wer weiß es. Als er aufstand und ging, sagte er beiläufig zum Chronisten, ziemlich beiläufig: »Früher«, sagte er, »hatte ich achtundsechzig Morgen Wiese, allein Wiese. Und jetzt wohne ich da drüben in der Stadt!«

Nun war alles ziemlich klar. Des Mannes Gedanken hatten mit den kleinen segelnden Fallschirmchen eine Reise nach Hause gemacht, eine Reise zu den achtundsechzig Morgen Wiese und zu dem, was drum und dran lag. Der Mann war ein Flüchtling. Der Mann hatte seine Träume auf die Wanderschaft geschickt, und er hatte sich schlicht der Kettenblume bedient, deren Samen in den Kosmos hineinsegelte, vielleicht via Allenstein oder Goldap. Der Mann, es war nun klar, hatte Heimweh.

Das Heimweh, meint der Chronist, grassiert vielleicht viel stärker unter den Menschen, als wir, die wir ein Zuhause haben, uns das denken.

(1946)

Schnee fällt auf die arme Stadt

Vier schmucklose Wände umgrenzen und umhüten das Leben des Heimkehrers Richard Welzlein. Aber wie Welzlein nicht mehr Welzlein, so ist das Leben nicht mehr das Leben. Es ist in jedem Betreff ein anderes Leben. Bis vor einem halben Jahr war es Cage A 9 mit Stacheldraht, jetzt sind es die vier Wände mit dem Blick auf die Trümmerdünen seiner armen, traurigen, geschlachteten Stadt. Wenn sein Zahngehege Bemerkungen entließ, so waren es ironische Bemerkungen. Es waren Bemerkungen, die nicht gut waren.

Als es noch Sommer war und unten die roten Trümmerblumen blühten, die im Herbst ihre weißen Fäden barmherzig gesponnen hatten, hatte ihn sein Gelaß, das die vier Wände bildeten, wie eine Höhle umfangen mit all ihrer Enge und Unparteilichkeit. Alles war damals Geborgenheit gewesen mit einem Hintergrund von Glück, das war absolut wahr. Nun aber war das Öfchen, wenn er heimkam, feindselig und kalt. Selbst die Couch mit den abgesägten Beinen, die etwas Komfort darstellen sollte, obwohl sie seine nächtliche Lagerstatt war, sah wie ein trübseliges, armseliges Wesen aus.

Die köstlich empfundene Stille und wohltuende Ungebundenheit der sommerlichen Wochen, die ihn abends umfangen hatten, war nicht mehr. Als Welzlein das erste Mal über Land gefahren war, hatte sich der ganze Anschauungsunterricht der Landschaft vor ihm aufgetan. Langsam drängte es vom Horizont auf den Zug zu, wuchs und wurde mächtig, guter Acker und reine Wiese. Ein Bauernfuhrwerk hatte in der regungslosen Flur gestanden. Er saß am Fenster des Abteils und fühlte die Rasierklingen in der Tasche. Er erinnerte sich später dann der kühlen, mißtrauischen Gesichter, wenn er seinen Spruch getan hatte. Auf dem Lande rasiere sich niemand, dort ging, wie er sagte, der Bart so ab. Dort wohnte auch nicht Hiob, obwohl die Rinder pflügten und die Eselinnen auf der Weide gingen. Hiob wohnte da, wo der Blick auf die Trümmerdünen ging, er sei Hiob, er, Welzlein, liege im Staub und in der Asche. Jetzt war es Winter. Jetzt gab es neuen Anschauungsunterricht. Er hatte in diesem Bezug viel gelernt in Attichy, hinterm Draht.

Nun lag er an diesem Wintertag, spät in der Nacht, auf seiner Couch. Es fror ihn. Er lag da und sah die Sterne, die da oben wie kleine Schiffchen mit Blinklaternen einherfuhren. Er sah es, und es kamen ihm wohl Gedanken, daß er das alles, den Hiob, den Winter, das große, traurige Menschenspiel, vergaß. Es war dumm, an vieles denken zu müssen, woran er jetzt dachte. Er möchte mal wieder, dachte er dumm, in einer Badewanne liegen, oh, in einer Badewanne möchte er liegen. Auf dem Wasser müßte ein Schiffchen schwimmen oder vielleicht ein Schwamm, oder einfach irgend etwas müßte da schwimmen. Und dann würde er seine Frau rufen – die lag leider mitsamt seinem Söhnchen Karl-Gerhard auf dem Kirchhof in einem Massengrab –, dann würde er seine Frau rufen und sagen: »Inge, bitte wasch mir den Rücken, ich bin soweit!«

Er möchte mal wieder einen Sonntagsanzug haben und einen Hut, und diese gottverfluchte Uniform hatte er satt, bis obenhin satt. Und er möchte mal wieder frischgebügelte Wäsche riechen und eine Eckstein möchte er rauchen, und an Reibeplätzchen will er gar nicht denken, das wäre dann Sünde. Ach Gott im Himmel, es war dumm, dies alles denken zu müssen. Draußen fuhren die kleinen Blinklaternchen, und er segelte mit seinen Gedanken durch die nächtliche Einsamkeit. So lag er noch lange mit offenen Augen.

Es war ein Punkt in ihm, da kam er nicht drüber. So verzerrt war alles, so maßlos grotesk! Es war ihm wie einem Betrogenen, der eines Zuspruches bedarf. Etwas Quälendes hatte das Leben angenommen, etwas Eiskaltes, Ekelhaftes, Schleimiges, Würgendes. So lag er da und hatte zuerst viele gute und nachher viele böse Gedanken.

Und so war es nun: Vier Wände hatte er, eine Couch mit zwei stinkenden Soldatendecken, ein Öfchen, ein Tischchen, einen Stuhl und seine alte, gefärbte Montur. Und sein Leben hatte er noch; das war ihm, unerfindlich weshalb, geblieben, das grimmige, kalte, nackte Leben. Es war das Leben. Fertig. Sonst nichts. Und dann spielten sie gerade jetzt im Theater, hoh, gerade jetzt spielten sie es: Wir sind noch einmal davongekommen.

Als er am nächsten Morgen aufwachte, fiel Schnee auf die arme, geschlagene, traurige Stadt. Er stand auf, kramte in seiner Aktentasche und aß eine Pellkartoffel. Denn dieser Tag war ein Sonntag.

(1947)

Hat es noch Zweck?

Zwei Männer unterhielten sich darüber, ob das Leben noch Zweck, ob es noch einen Sinn habe oder ob nicht der tiefe Sinn, mit dem Philosophen den ganzen Komplex einmal verbrämten, womöglich in Unsinn umgekehrt sei.

Der eine, Beckers mit Namen, sagte, früher hätten die Gedanken der Philosophen darum gekreist, wie die Menschheit besser und glücklicher werden könne, heute aber dränge sich die viel quälendere und brennendere Frage auf, ob die Menschheit diese Zeit überhaupt überleben werde. »Siehe Atombombe«, ergänzte er. Und fortfahrend: »Ich halte den Strick für das allein Richtige. Was meinen Sie?«

Sein Partner hieß Andergast, von Beruf war er Setzer bei der Druckerei Böcking & Co. Bei Welikije Luki hatten sie ihm ein Bein weggeschossen, sein Haus war durch einen Volltreffer pulverisiert, wie die neue Sprache so schön geheißen hatte, einschließlich seiner Frau. Er besaß nichts mehr, gar nichts.

Andergast erwiderte: »Was ich meine? Ich teile Ihre Ansicht nicht, obwohl ich Grund dazu hätte. Meines Erachtens gibt es einen Punkt, wo die Menschheit haltmacht. Ich glaube nicht daran, daß sie sich gegenseitig ausrottet. Ich glaube es nicht.«

»Das ist Ansichtssache, aber keine schlüssige Argumentation«, entgegnete Beckers. »Erwiesen ist, daß die Menschheit in Barbarei versunken ist. Unser Dasein besteht aus Hunger, Jammer, diabolischem Gezeter, aus Zuteilungsperioden, grünen Kriegsgefangenen-Suchanzeigen, aus Denunzianten, Fragebogen und Tauschobjekten. Allenfalls noch aus Rucksäcken. Habe ich recht? Habe ich recht, wenn ich sage, der Strick sei das beste?«

Die beiden Männer saßen auf einer Bank im einstigen Stadtpark. So wie die Bank nicht mehr Bank, so war der Stadtpark nicht mehr Stadtpark. Kartoffelstrünke standen jetzt da, wo früher Magnolienbüsche wuchsen.

Plötzlich wurde ein Schmetterling, ein buntes, schillerndes Pfauenauge, hergeweht und nahm Platz auf einer alten Zeitung, die vor ihnen auf der Erde lag. Er setzte sich auf den Leitartikel der Zeitung, der überschrieben war: »Wo stehen wir heute?« Ausgerechnet, könnte man wohl sagen. Allein, das war Zufall. Der Schmetterling klappte ein paarmal seine roten Flügel auf und ab und verharrte dann.

»Sehen Sie«, sagte daraufhin Herr Andergast, »das ist es nun. Wenn unsere Welt nur diesen einen einzigen Schmetterling besäße und sonst nichts, nur diesen einen einzigen Schmetterling – ich meine, nur deswegen allein schon hätte es noch Zweck. Und dabei gibt es auf der Erde, bitte, bedenken Sie das, zweimal hunderttausend Schmetterlingsarten und noch viel, viel schönere. Ist das denn nichts?«

Daraufhin stellte Beckers die Unterhaltung ein. Denn das konnte er nicht bestreiten, das das nichts war. Er kam nicht mehr mit.

Auf dem Leitartikel saß immer noch der Schmetterling und ließ sich von der Sonne bescheinen.

(1947)

Das Fahrrad und die Moral

Man unterhielt sich über interessante Kriminalfälle der jüngsten Zeit. Es gab tragische (meist tragische), amüsante und verwickelte Fälle. Manche wären wert gewesen, einem Romanschreiber als Vorlage zu dienen, die Gegenstände erhoben sich in ihrer Verwicklung und Mannigfaltigkeit wirklich in den Bereich des Romans. Leidenschaft, Bosheit, menschliche Unzulänglichkeit, Jammer und Elend, physische und psychische Not spannen ein Gewebe seltsamster Art. Die merkwürdigsten Motive und Bewegursachen kamen zutage.

Da erzählte Herr K. das folgende: »Ich bin in G. fünfundzwanzig Jahre lang Kriminalbeamter. Es ist nicht viel, aber etwas. Vielleicht hat unser Beruf in der menschlichen Gesellschaft einen fragwürdigen Wert, da wir als Hilfsbeamte der Staatsanwaltschaft in Leben, Freiheit und Eigentum so einiges hineinzureden haben. Aber das soll nicht erörtert werden. Der Fall, den ich Ihnen erzähle, ist nicht viel, nein, nicht viel. Er ist nur deswegen interessant, weil er offenkundig werden läßt, daß die Fundamente menschlicher Sittengesetze, in diesem Falle der Moral, die immer und zu allen Zeiten Gültigkeit hatten, völlig verrutscht zu sein scheinen.

Vor dem Rathaus in G. war ein Fahrrad abgestellt.

Der Besitzer, irgendein kleiner Handwerker, hatte das Rad verschlossen. Als er es wieder nehmen wollte, war es fort, offensichtlich gestohlen. Er lief sofort zur Polizei, die im selben Hause sitzt, erzählte den Sachverhalt einem meiner Kollegen und bekam ein viel- oder nichtssagendes Achselzucken, wie man will. Der Beamte ging mit ihm nach draußen. Das Rad, wie gesagt, war weg. Pech gehabt, war die einleuchtende, aber dem Handwerker wenig plausible Erklärung. Sie gingen um eine Hausecke, nur so, instinktiv vielleicht, weil Rechtsbrecher ja ohnehin um die Ecken zu verschwinden trachten, und dort sahen sie – nun, was sahen sie? Jawohl, Sie haben es schon erraten, meine Herren – dort sahen sie eine Frau mit dem gestohlenen Fahrrad. Sie hantierte mit einem Stück Eisen, Gott weiß, wo sie's her hatte, an dem Fahrradschloß. Jetzt lief folgendes Gespräch ab:

›Und?‹ sagte der Beamte.

›Was und?‹ die Frau.

›Und‹, wieder der Beamte, ›ist das Ihr Rad?‹

›Mein Rad? Ja, das raten Sie mal. Das ist ungefähr so: Es hängt an der Wand, ist grün und macht ticktack. Was ist das? Das ist also nicht mein Rad und doch mein Rad, jawohl! Da brauchen Sie nicht zu lachen. Nämlich, mir ist vor vier Wochen mein Rad gestohlen worden, glattweg hier vor dem Rathaus gestohlen worden. Mein Mann arbeitet hier in der Stadt. Dem muß ich jeden Mittag das Essen zur Baustelle bringen. Seit vier Wochen laufe ich diesen Weg zu Fuß. Wir wohnen in L. Das ist jeden Mittag acht Kilometer zu Fuß, vier hin, vier retour. Ich habe drei kleine Kinder. Bitte sehr, Herr Kommissar, gehört das Rad mir oder nicht?‹

Ja, bitte sehr, meine Herren, das war der interessante Fall, mehr nicht. Mein und dein – sind nicht die elementarsten Begriffe vor die Hunde gegangen? Und denken Sie, sie hatte gar keinen schlechten Leumund, diese Frau.«

(1947)

Liebe unterm Hammer

Länder sind verwüstet, Städte zermahlen, Menschen gemordet, zerschunden und geschlagen, Glaube ist zerstört und Hoffnungen sind begraben, aber eines hat Bestand behalten: die Liebe. Die Liebe höret nimmer auf, so auch die Weissagungen aufhören werden und die Sprachen aufhören werden und die Erkenntnis aufhören wird. Die Liebe ist geblieben, und zu ihrem Preis sei die Geschichte erzählt von der Maikönigin Marianne Paffrath aus Pützchen-Bechlinghoven im Landkreis Bonn, zwanzig Jahre alt, von Beruf Sparkassenangestellte.

An einem Maisonntag wurde Marianne Paffrath von den Burschen des kleinen Dörfchens zur Maikönigin gekürt, nachdem sie am Vorabend des 1. Mai – wie es dem alten rheinischen Brauch entspricht – bei einer amerikanischen Versteigerung alle Nebenbuhlerinnen ihres kleinen, 1800 Einwohnen zählenden Dörfchens aus dem Felde geschlagen hatte. Sie erhielt das höchste Angebot. Alle Burschen des Dorfes waren beteiligt, außer den siebzig natürlich, die niemals wiederkehren werden, und den fünfzig, die noch hinterm Stacheldraht von den Mädchen daheim träumen. Marianne, wie gesagt, machte das Rennen. Marianne hat sich die Burschen ihres Dorfes untertan gemacht, die die Liebe empfanden, wie sie in aller Welt um diese Jahreszeit von jungen Burschen empfunden wird. Jeder hat das Bedürfnis gehabt, dieses blonde, lebendige, herrliche, hübsche Persönchen Marianne mit den roten Apfelbäckchen, dieses Bonbon unter den Töchtern des Landstrichs, ganz allein für sich zu besitzen.

Der Maikönig, der den längsten Atem und somit das letzte Angebot auf Marianne gemacht hatte, ein stürmischer, dreiundzwanzigjähriger junger Mensch, Franz Rodenbach mit Namen – dieser stürmische junge Mann hatte den Zuschlag bekommen, als die Versteigerungssumme den Betrag von 130000 Mark erreicht hatte.

Dies ist nunmehr der schlüssige Beweis: Die traurigen Zeiten haben es nicht vermocht, uns aus dem Paradies zu vertreiben. Die Liebe höret nimmer auf, und wenn sie nun auch, wie die Geschichte belegt, auf den schwarzen Markt gegangen ist.

Drei Schnäpse, ein Dünnbier und einen Extratanz mit Marianne Paffrath bekam der Berichterstatter beim Krönungsball verordnet. Es war ein wunderbarer Extratanz. Piano und hernach etwas pianissimo spielte die Dorfmusik im Walzertakt: »Der Mai ist gekommen, die Bäume schlagen aus ...« Und 130000 Mark hielt er selig, selig in den Armen.

(1947)

Der Barbier operiert

Der Hauptmann von Köpenick läßt grüßen

Fredy Stücher, den Namen muß man notieren. Alle Gaunerhumore der Welt geistern um seinen Streich. Der Hauptmann von Köpenick und Harry Domela grinsen aus den Wolken. Fredy Stücher, Friseurgehilfe aus Berlin-Pankow, ist ihr legitimer Nachfolger geworden.

Mit gefälschten Papieren gelang es ihm, außer einer Arztpraxis den Chefarztposten am Heinersdorfer Krankenhaus zu bekommen. 700 Patienten hat er behandelt. Selbst Belastungszeugen sagten aus, daß er richtige Therapien angewandt und innere Gewächse sachgemäß operiert habe. Fredy Stücher war im Krieg Sanitätssoldat.

Eines Tages war Fredy Stücher dagewesen (so ungefähr wird man sich das vorzustellen haben). Eines Tages erschien er, ein flotter Herr in mittleren Jahren, wie man zunächst glaubte, mit kühner Brille, hinter der ein Gelehrtenblick wohnte, mit viel Güte und Schärfe zugleich. Er hatte weiche Hände und eine Art zu fragen, die verwirrend wirkte. Er war sehr höflich, selbst gegen das Hilfspersonal und die Patienten, von den Schwestern und den Herren Kollegen gar nicht zu reden. Er war, wie man später beim Gericht erfuhr, Obergefreiter in einem Feldlazarett gewesen. Kühle Distanz zu Menschen und Dingen war ein hervorstechender Zug des neuen Chefs. Teilnahme selbst an den Arbeiten der Verwaltung ließen schnell das Wort von den »neuen Besen« aufkommen. Die Schwestern Paula und Irene deuteten die Handschrift. Sie barg viel Charakteristisches. Es war eine steile Schrift, von der etwas Geheimes ausging. Die Unterschrift haute er hin, unleserlich, selbstverständlich, wie es sich für einen Arzt gehört. Die Akten der schweren Fälle ließ er sich in die Wohnung bringen. Und die Visiten! So wenig hat noch kein Chefarzt dabei gesprochen. Von so tierischem Ernst ist noch keiner gewesen.

»Kann das schlimm werden?« fragte der Patient.

»Schlimm werden, lieber Mann? Natürlich! Aber auch natürlich nicht! Das ist je nachdem«, sagte der Chefarzt Dr. Stücher konziliant-bedeutungsvoll. »Aber seien Sie mal ruhig, es wird schon.« Und zum Stationsarzt: »Morgen möchte ich noch mal den Harn haben und eine Blutsenkung bitte!«

Chefarzt: »Eiweiß?«

Stationsarzt: »Nur mäßig, ganz gering!«

Stationsarzt: »Wollen wir nicht Diät?«

Chefarzt: »Ja, gut ... ab morgen für acht Tage Diät!«

Tief und dunkel schritt der Chefarzt Dr. Stücher dahin, sehr tief und dunkel wehte ein Fluidum um ihn, nicht zu sagen etwas Haushohes, Turmhohes. Die Kranken nickten. Prima, der neue Chef.

Und dann die Operationen, lieber Gott im Himmel, wie er das hinkriegte. irgendeiner mußte es ihm ja gesteckt haben. Er fand sich zurecht, ganz wunderbar. Hatte er nicht ein paar Jahre lang gewickelt und geflickt, genäht und chloroformiert? Hatte er nicht vor offenen Bauchhöhlen gestanden, mit Gummihandschuhen Därme gefaßt und Mägen gehalten, Geschwulste gesehen, groß wie Kinderköpfe? Er war so gut Chirurg wie Psychiater, ein Kenner der inneren Medizin so gut wie der pathologischen Anatomie. Das war beim Barras ja alles nicht so genau drauf angekommen. Er kannte das alles. So war es denn gewesen, fünf Jahre lang. Er kannte alle Medizinerwitze, las alle medizinischen Zeitschriften und machte die Augen auf. Er kannte Hippokrates und Paracelsus und wußte, wo das Diesseits aufhört und das Jenseits anfängt, auch in der Medizin. Dann war er eines Tages mit seinem Wagen vorgefahren in Heinersdorf vor dem Krankenhaus, und all den wichtigen und unwichtigen Leuten hatte er gesagt, da sei er nun, der neue Chef, und was er verlange, sei nicht wenig.

700 Patienten hat er behandelt. Aber siehe: Dann muß ihm doch wohl so was wie ein Schnitzer unterlaufen sein. Vielleicht hat ihn einer erkannt, vielleicht hat er doch nicht ganz richtig Deutsch schreiben können, was ja der von Köpenick wohl auch nicht konnte (der doch Unsterblichkeit erlangt hat). Vielleicht hat er mal ein inneres Gewächs, was wissen wir, falsch operiert, vielleicht. Vielleicht war es auch nur eine große Dummheit, die ihm passierte.

Zu zweieinhalb Jahren Gefängnis haben sie ihn verdonnert. Aber zum Ehrenbürger von Heinersdorf sollten sie ihn machen. Oder ihm ein Denkmal setzen, im Krankenhauspark ebendort, mit lauter Vergißmeinnicht drumrum, vielleicht mit dem Mephistowort als Inschrift: Der Geist der Medizin ist leicht zu fassen. Und alle Leute sollen fragen: Stücher? Stücher? War das nicht der Bruder des Hauptmanns von Köpenick?

(1947)

Ruhender Pol in der Erscheinungen Flucht

Am Niederrhein

Es ist ein unbekanntes Dörfchen, und auf den Landkarten 1 : 100 000 steht sein Name nur in »Petit« verzeichnet. Es könnte Aldekerk oder Sinsteden heißen, obwohl es so natürlich nicht heißt. Jedenfalls verrät sein Name etwas von den alten fränkischen Siedlungen dieser niederrheinischen Breiten. Wenn es in dieser Gegend nicht überall zu finden wäre, unser Dorf, müßte man vielleicht Entree bezahlen, es zu besichtigen. Der Preisgabe seines Namens jedoch stehen Umstände entgegen, die der Chronist nicht beseitigen möchte, weil sie in den Bereich des Privaten gehören. Das Dörfchen liegt, soviel kann immerhin gesagt werden, am Niederrhein zwischen den Hängen der Nordeifel und dem Reichswald an der holländischen Grenze. Dorthin hat der Chronist einmal seinen Zylinder gebracht, das letzte Beweisstück seines bürgerlichen Habits, und dafür – im Weg des »Maggelns«, wie es hierzulande heißt – Kartoffeln bekommen. (Nebenbei gesagt: zwei Zentner blaue Nieren.) Und damit stünden wir schon mittendrin in jenem – wie Tucholsky sagen würde – »Propplehm«, das unserer ganzen Zeit den Bauch aufreißt.

Das Dorf, eine Mischung von Straßendorf und Haufendorf, ist eine kleine Feste aus Backsteinen, Fachwerk, lebenden Hecken, Kastanien, deren Früchte jetzt zu Boden fallen, Walnußbäumen und Spitzpappeln. Sein Blick in das Land ist frei. Es ist ein weites flaches Land, wie es die alten Brabanter Meister malten. Hingeduckt liegt es da zwischen dem 51. und 52. Breitengrad und dem 6. und 7. Längengrad östlicher Länge von Greenwich und weiß nicht einmal davon. Regellos durchziehen ein paar Gassen die Dorfsiedlung. Die Flur liegt klein parzelliert zerstreut rundum. Der Macht des Bildes kann sich niemand entziehen. Etwas von Ewigkeit vermeint man zu sehen, wenn es das auf dieser Erdkruste überhaupt geben sollte, etwas von Dauer und Stetigkeit, auch von Zeitlosigkeit.

Die alten Häuser des Dorfes sind meist altsächsische Bauernhäuser, wo Mensch, Vieh und Vorräte unter einem Dach geborgen sind. Das trauliche Herdfeuer freilich, wie es Justus Möser in seinen »Patriotischen Phantasien« einst so schön und bildhaft schilderte, gibt es nicht mehr. Praktische Buderus- oder Küppersbusch-Herde stehen in den Küchen, und daran waltet die züchtige Hausfrau, deren Hauptaufgabe es geworden ist, die Hamsterer abzuwimmeln, teils mit scharfen, teils mit milden, immer aber mit gleichbleibend deutlichen Sprüchen. Da das Dorf ziemlich abseits liegt, ist die Zahl der »Klinkenputzer«, wie der Bauer mit einem deutlichen Unterton von Ablehnung sagt, verhältnismäßig gering. Dreißig bis vierzig am Tag ist der Durchschnitt. Die Hamsterer fragen nicht: Kann ich Kartoffeln haben oder Brot oder etwas Butter oder Speck? Sie sagen: Wir haben hier Solinger Stahlwaren, Brotmesser, Küchenmesser und eine prima Papierschere. Wir sind aus Remscheid, wir haben Trummsägen, Äxte und Dreikantfeilen. Hier haben wir zwei Paar Schuhe aus Pirmasens, nagelneu, ein Paar mit Stöckelabsätzen, hier einen Winterpaletot, nur an den

Ärmeln etwas angeschlissen, hier Zigaretten, keine deutschen, sondern englische, Marke »Pall Mall«, und hier drei Meter Stoff für Übergardinen, schönes geblümtes Muster. Die Hamsterer fragen: Was gebt ihr dafür? Und es wird dann natürlich nicht ein Preis genannt, sondern ein Gewicht, oder Zentner- oder Pfundgewicht, je nachdem. Man kann somit behaupten, daß die Wirtschaftsgeschichte im Kreis marschiert ist: Wir sind wieder bei der primitivsten Stufe des Handels, beim Tausch, angelangt, wie er zur Zeit Homers, aber auch noch zu Beginn des Mittelalters üblich war. Man tauschte damals fünf Schweine gegen ein Rind, ein Rind gegen eine Sklavin, Indianer tauschten Tierfelle gegen Schießbedarf. Rind gegen Sklavin steht heute noch im Widerspruch zu den allgemeinen Sittengesetzen, vielleicht ist es in einem Jahr soweit; Tierfelle gegen Schießbedarf widerspricht den Kontrollratsbestimmungen.

Es ist war, seit ein paar Wochen besitzt der Bauer eine nagelneue emaillierte Badewanne, die ledige Schwester einen Pelzmantel, und er selber, wenn er in die Stadt muß, ist tatsächlich etwas stutzerhaft und attraktiv gekleidet, und wahrscheinlich wird er selber ein leises Gefühl des Unbehagens nicht los. Dieser Bauer – es ist der gleiche, der den Zylinder bekam – ist jetzt vierzig Jahre alt. Wenn man genau hinschaut, erkennt man ihn auf einem Bild auf dem Vertiko als Unteroffizier wieder, hoch zu Roß. Er war bei der bespannten Artillerie, war zweimal verwundet und hat gesehen, wie in Riga achthundert Juden erschossen wurden. Das durften sie nicht machen, sagt er.

Die Weltanschauung des Dorfes erschöpft sich im Menschlichen, unterbrochen vom sonntäglichen Kirchgang, der ins Überzeitliche weist. Politik gehört nicht ins Dorf. Der Obrigkeit, die Gewalt über ihn hat, bekennt sich der Bauer untertan. Von Politik hält er nicht viel. Aber zur Wahrung der Staatsbürgerbelange geht er doch zur Wahl. Im Dorf wurden bei der letzten Wahl 194 Stimmen für die CDU, 128 für das Zentrum, 126 für die SPD, 15 für die KPD und 11 für die FDP abgegeben. Die Bauern kennen die Kommunisten, wie sie sagen, mit Namen. Ein ehemaliger Schauspieler, der nach hier verschlagen wurde, ist der Wortführer der örtlichen Kommunisten. Im Gemeinderat sind sie nicht vertreten. Es ist den Bauern rätselhaft, daß »dieser belesene Mann, der keiner Fliege was zuleide tun kann und auch sein letztes Hemd weggibt, wenn's drauf ankommt«, ein Kommunist ist. Allerdings hat sich der ehemalige Schauspieler mit seinem Sohn, der im Krieg Oberfeldwebel und Flugzeugführer war, überworfen. Politisch, sagt der Bauer, rein politisch.

Den ersten Platz im Dorf nimmt naturgemäß der Herr Pfarrer ein, mit dem sie im Mai in Bittprozessionen in die Gemarkungen zogen, die Saaten from besprechend. Der Pfarrer ist abonniert auf die »Begegnung«, auf die »Frankfurter Hefte« und auf die »Stimmen der Zeit«. Er leiht die Zeitschriften regelmäßig dem Herrn Lehrer aus, der entnazifiziert ist und in Gruppe 5 als Entlasteter kategorisiert wurde. Er war 37er Pg, Blockwart in der NSV, mehr nicht. Die Vorträge, die er damals vor Jungbauern im Amtsbezirk gehalten hatte, Thema »Persönlichkeit und völkischer Staatsgedanke«, zählen nicht. Das mußte er damals, wie die Leute sagen. Der Lehrer ist beliebt. Die Beliebtheit wird der »Frau Lehrer« täglich in natürlicher Weise entgolten, zum Beispiel mit Milch oder Eiern oder beim Schlachtfest, bei sogenannten »Fereke-schlaachte«. Dann bekommt der Lehrer »de Koerwuesch«. Dies ist uraltes Brauchtum, und davon möchte er nicht abweichen, vom uralten Brauchtum.

Es muß noch gesagt werden, daß der Herr Pfarrer manchmal etwas deutlich auf der Kanzel werden muß. Denn immer wieder kommen dem Herrn Pfarrer Dinge zu Ohren, die von Hartherzigkeit und Habgier, von Bosheit und Unbill gegen die Ostflüchtlinge wissen. Aber auch diese armen Teufel von Ostflüchtlingen revanchieren sich mit Nadelstichen mancherlei Art, und wer will es ihnen verargen. Sie ohne viel Aufhebens totschlagen und zur Grube schicken, dies wiederum dürfte nicht angehen, selbst wenn – was er manchmal gern täte – der Gemeinderat solchermaßen Beschluß fassen würde.

Das Dorf hat einen Hengst, der Matador II, einen Eber, der Franz, und zwei Bullen, die zufällig beide Max heißen und auch so aussehen. Gegen ihre Mitwirkung im Walten der Natur hat die Körkommission nichts einzuwenden, obwohl Matador schon während der »Blut- und Boden«-Zeit festlich geschmückt mitmarschiert ist – das kann er nicht bestreiten. Die Fortpflanzungsangelegenheiten werden generös hinterm Hause ausgemacht. Für manche Flüchtlingskinder ist das etwas Neues, für die Dorfkinder nicht.

Senf für Napoleon

Seit fünf Jahren hält ein Frauenzimmer namens Agnes die Gemüter des Dorfes in Aufruhr, eine Evakuierte aus Köln, ein pechschwarzes Weibsbild, locker im Mundwerk und auch sonst. Wenn sie ihr zusetzen, dem schwarzen Luder, wird sie höhnisch und lächelt vieldeutig. Wie denn, wie denn? Die Männer des Dorfes sind nicht immer so böse mit ihr gewesen wie die Frauen des Dorfes. Soll sie mal auspacken, bitte schön?

Das »Luder« bewohnt ein Zimmer im Gasthof, der den freundlichen Namen »Zur Krücke« trägt. Dies ist ein historischer Gasthof, denn hier hat ganz, ganz früher die Thurn- und Taxissche Post die Pferde gewechselt, hier stieg Napoleon ab und aß ein Schnittchen mit Schinken, Gürkchen und Senf, wie der Wirt Hucklenbroich den Ostflüchtlingen erzählt, und noch bis vor zehn Jahren hing ein Napoleon-Bild in der Schankstube, bis es auf Geheiß des Zellenleiters dem Bild eines anderen weichen mußte, der sich Napoleon wähnte. Jetzt hat die Wand ebenda einen viereckigen Fleck. Das hatte sie übrigens schon, als im Februar 1945 der Generalfeldmarschall Model mit einem kleinen feldgrauen Hanomag auf einen Sprung hier Station machte und fragte, ob er ein Glas Milch haben könne.

Um das Dorf wurde keine letzte Patrone verknallt, kein letzter Blutstropfen vergossen, und kein Haus war eine Festung. Das Dorf wollte so schnell wie möglich zu seiner ihm gemäßen Lebensform, zur Ruhe, zur Gemessenheit, zur Gelassenheit, zurück. Man wollte endlich den »Jabo-Betrieb« nicht mehr hören und endlich den verrückten Kreisleiter nicht mehr sehen. Das mit den Panzersperren haben sie ihm noch nicht vergessen. Man wollte wieder aufs Feld und sonst nichts. Denn das ist hier das Maß aller Dinge. Als sie dies Kapitel abschlossen, schlachteten sie schnell mehrere Dutzend Wehrmachtfahrzeuge und selbst drei Flakgeschütze bis zur letzten Niete aus. Noch jetzt fahren sie mit gummibereiften Gigs und Dogcarts in die Kreisstadt.

Scharf und hoch sind der Kirchturm und die Spitzpappeln wie fremde Buchstaben über die Dächer des Dorfes gezackt. Sie bewachen den Frieden und den Wirbel des Dorfes, bewachen Leben, Geburt, Hochzeit und Tod, sie bewachen Abenteuer, Freundschaften, Feindschaften, Leidenschaften und vieles mehr, sie bewachen den Tag und die Nacht und die Ewigkeit, das Gute und das Böse. Es sind Bauern, die hier wohnen. Die meisten kennen – und das ist auch gar nicht nötig – nicht mal den Namen ihres Ministerpräsidenten. Wenn sie den Namen UNO hören, denken vielleicht einige an ein Rattenvertilgungsmittel. Und wenn hinten weit in der Türkei sie aufeinanderschlagen, es geht sie nichts an, es geht sie nichts an. Was sie angeht, einzig und allein, ist die Dürre dieses Sommers, dieses Herbstes, das Kalben der Frieda, die Dachpappe für den Schweinestall und das Ablieferungssoll der Eier, der Schotter für den Zufahrtsweg und der Bruder Hubert, vermißt seit August 1944 nördlich Jassy in Rumänien. Alles lebt hier in der Hut Gottes, Liebe und Hilfsbereitschaft, Egoismus und Geiz, wobei die beiden ersteren leider etwas zu kurz kommen, heutigentags.

Es tut wohl, durch das Dorf zu schlendern. Eine alte Frau, die sich schon seit langem bereit hält, sich aus diesem irdischen Dasein zu empfehlen, hält hinter den Gardinen Musterung derer, die draußen vorbeikommen. Auf einem Hausbalken über ihrer Haustür steht: *Pax intrantibus, Salus exeretibus!* Auf der Tür hängt ein Hufeisen. Geduldig schaut die Greisin vom sicheren Port zu, wie der alte Impekoven gegenüber die dikken Bohnen döppt, wie der Hahn auf die Henne springt, wie die Hungerleider aus der Stadt mit Rucksäcken von Haus zu Haus ziehen und der Wachtmeister, freundlich Abschied nehmend, bei Schmitz mit einer Aktentasche unterm Arm aus dem Tor tritt. Manchmal scheucht sie der große Vogel Erinnerung aus ihren Gedanken, an denen sie trotz ihrer Vierundachtzig unablässig spinnt, und weiß: Es wird alles sich vollenden, wie es sich vollenden muß!

(1947)

Skizzen von einem Bahnhof

Der Waldschrat

Auf dem Karren, auf dem die Expreßgutpakete befördert werden, sitzt eine einigermaßen merkwürdige Gestalt. Sie sitzt still und in sich geduckt und stiert auf eine Korona Spatzen, die zwischen den Gleisen einen Kampf um ein Stück Brot führt. Auf dem Bahnsteig sonst niemand. Die Mannsgestalt, bekleidet mit der gefärbten Soldatenmontur, hockt da wie ein Waldschrat oder wie ein Wurzelmännchen.

»13 Uhr 24? Das ist fast noch eine Stunde. Aber ich bleibe hier. Die Sonne wärmt schon etwas. In Duisburg muß ich also über den Rhein, dann bis Krefeld, dann umsteigen nach Köln. In Köln ist die Bahnhofsmission zuständig. Der Schein steckt doch in der Brusttasche? Die Spatzen sind ein freches Volk. Wie die Menschen, die zerreißen sich auch so. Genauso griepig. Pfeiffer – ob der in Osnabrück den Anschluß nach Bremen bekommen hat? Donnerwetter, hinten in den Bahnhof hat's aber ordentlich reingehauen. Steht da nicht noch ›Dortmunder Union‹ auf einem Schild? Ob es das wieder gibt? Kaum. Kann ich mir kaum denken. Wenn die Klingel noch geht, werde ich dreimal kurz schellen, dreimal kurz. Hoffentlich habe ich in Köln gleich Anschluß. Oder soll ich einmal schellen? Berta kriegt einen Schreck, wenn ich dreimal schelle. Das haut die um, wie ich sie kenne. Ob sie genügend zu essen haben? Man hat doch so einiges gehört. Ob sie mir Bratkartoffeln machen kann? Mit etwas Zwiebeln dran? Bestimmt, sie wird sich bei Ewald schon mal was holen. Wie sich wohl der Junge anstellen wird? In zwei Monaten wird er sechs. Ausgeschlossen, der Bursche wird mich nicht mehr kennen. Ich bin jetzt vier Jahre nicht mehr zu Hause gewesen. Ob Berta noch das grüne Kleid hat? Sie hatte eine prima Figur in dem grünen, jawohl. Mein Gott, ich habe doch etwas Unruhe. Wenn nun alles anders ist? Soll ich doch noch telegraphieren?«

Aus dem Unterführungsschacht kommt die ältere Frau auf den Bahnsteig. Sie trägt zwei große Taschen und ein Einholnetz, in dem zwei Flaschen stecken. Die Frau ist um die Sechzig und hat nicht das beste Schuhwerk an. Im übrigen sind das Männerschuhe, wie man jetzt sieht. In den Mantel ist hinten eine Fünf gerissen, vorn unten fehlt ein Knopf. Das Gesicht der Frau schaut etwas unsicher drein. Die Falten zwischen den Augenbrauen zur Stirn bilden ein M. Sie hat viele Falten im Gesicht. Sonst aber ist nicht viel auszusetzen an dem Gesicht. Es ist ein stilles, treues, gutes, verhärmtes Muttergesicht. Einen Augenblick verschnauft sie, als sie die letzte Stufe erstiegen hat. Jetzt wandert sie auf den Bahnsteig.

»Da sitzt ja einer. Komische Uniform. Warum hat er keine Mütze auf? Warum ist der Kopf kahlgeschoren? Er hat ein paar Geschwüre im Nacken. Vielleicht ist er krank. Der kommt sicher aus dem Lager. Ob er aus Frankreich kommt? Dann könnte ich ihn mal wegen Willi fragen. Gott, wie sieht der elend aus. Ob ich ihn grüße? Ich müßte ihn grüßen. Diese armen Jungens! Aber er schaut gar nicht her. Er will sicher nicht gegrüßt werden. Ich kann ihn doch nicht einfach grüßen, wenn er nicht aufschaut. Er stiert so komisch. Der hat allerhand mitgemacht, bestimmt. Vielleicht, wenn er aus Frankreich kommt, war er in Attichy. Möglich ist das ja. Vielleicht kann ich dann was über Willi hören. Es soll doch das Entlassungslager sein, Attichy. Die Geschwüre hinten am Hals gefallen mir gar nicht. Ob er auch 13 Uhr 24 fährt? Er hat sicher Hunger. Ich biete ihm ein Butterbrot an. Aber ich hab' ja nur diese dünne Pappe darauf, die zieht so klebrig durch. Wenn er nicht aufschaut, kann ich ihn natürlich nicht grüßen. Wohin mag er wohl reisen? Wie komisch er doch dreinschaut.«

Die Frau steuert auf eine Bank zu, die in der Nähe steht. Setzt sich hin.

»Männerschuhe hat die an. Und was für Schnürsenkel! Ob sie gehamstert hat? Ob da Kartoffeln drin sind, in den Taschen? Ob Berta welche hat? Mit Zwiebeln dran, das wäre was. Das Grüne hat sie sicher nicht mehr. Ob die Frauen noch in die Fabriken müssen? Sie hatte doch immer eine gute Figur, das muß ich sagen, eine gute Figur hatte sie. Und was für saubere Waden. Und kochen konnte sie auch. Und im Haus, da war sie was Richtiges, Junge, Junge! Da steckte was drin. Sauberkeit, oje! Die Möbelschulden hat sie gewiß bezahlt, wie ich sie kenne. Ob sie oft an mich denkt? Mein Bild hat sie bestimmt auf dem Vertiko stehen. Warum schaut mich die Frau so an? Sie hat einen Blick wie Adele Sandrock.«

Aus dem großen, dunklen Maul der Unterführung kommen jetzt noch mehr Menschen. Eine Frau mit einem kleinen, artigen Mädchen an der Hand. Zwei Frauen in Pelzmänteln, eine davon mit einem barbarisch-roten Halstuch und geschminkten Lippen. Und zwei junge Männer, beide mit zerrupften Aktentaschen. Sie lachen und machen ihren Schnacks. Der eine spielt mit einem Koksstück Fußball. Dabei unterhalten sie sich über ein Mädchen, etwas flott und verwegen. Sie tragen beide Zivilanzüge, aber Soldatenmützen. Sie sehen den Mann auf dem Karren, den Waldschrat, das Wurzelmännchen, bleiben vor ihm stehen.

»Kommst du vom Iwan?« fragt der eine, der Fußball spielte und den Waldschrat neugierig mustert.

»Hm«, grunzt der, was wohl soviel wie ja heißt.

»Wo warst du denn?«

»Nowosibirsk.«

»Wie? Nowosibirsk? Das ist doch hinten am Ural, nicht? Ist euch da nicht der Hintern eingefroren?«

»Och«, sagt der Waldschrat, »es ging. Es ging einigermaßen.«

Pause.

Die beiden schlendern weiter. Auf dem Gleise sind wieder die Spatzen tätig. Und nun hört man wirklich wie hinten in einem Gärtchen ein Buchfink am Werk ist.

Die Menschen machen dem Waldschrat Platz. Es sind viele Menschen geworden. Er schlurft über den Bahnsteig ans andere Ende. Sie sehen alle, daß das Gesicht etwas Maskenhaftes hat. Es ist etwas Verschnürtes, Verborgenes, Gepreßtes in ihm. Alles ist unter eine harte Kruste gepreßt, es ist nicht klar, was in dem Menschen vorgeht.

Dann sagt sie beiläufig zu ihrer Nachbarin, ganz beiläufig, und sie spürt einen Knoten im Halse, den herunterzuschlucken sie sich vergeblich müht, sagt ganz beiläufig: »Der kommt aus Rußland, aus Sibirien.« Und sonst nichts.

An der Tür blieb er stehen. Sein Vogelkopf drehte sich langsam auf dem Körper wie eine schwere Tür, der man mit Gewalt nachhelfen muß. Aus einem unerfindlichen Grund hob er seine Rechte, die eine bedachtsame Kurbe beschrieb. In seiner Linken hielt er einen khakifarbenen Packsack. Die schräge Nachmittagssonne warf ihre Strahlen wie spitze Lanzen herein.

Eine Weile blieb der Mann stehen, unschlüssig offenbar, ob und wohin er seine Schritte lenken sollte. Wer mochte erraten, welche Gedanken ihn bewegten? Lag nicht Scheu auf dem Knochengesicht? Übrigens sah man ein langes Kinn und eine flache Stirn, freilich das Knochengerüst darunter überall hervortretend. Die Augen waren glanzlos in jenem Sinne, wie man es bei blinden Fensterscheiben kennt. War der Mann beklommen? Es war, als ob er innerlich ausgebrannt wäre. Aber was ist damit getan, sein Gesicht zu beschreiben, die Augen, den Mund, den Spann der Bögen auf der Stirn. Was wußten wir von ihm?

Daß es ein entlassener Kriegsgefangener war, das war deutlich genug zu sehen. Es stand ihm, unsichtbares Stigma, auf der Stirn geschrieben.

Manchen Schubs hat er an der Tür bekommen. Es rührte ihn nicht. Er nahm es nicht einmal wahr. Hinterließ die ganze sichtbare und unsichtbare Welt dieses Wartesaales eine Empfindung bei ihm? Nahm er die akustischen Dinge, das Wimmern des Kindes gleich neben ihm, das Geräusch der Gespräche, das wie ein ferner Wasserfall zischte und brauste und sich an den hohen Wänden und Decken fing, das gutturale Geschwätz der polnischen Uniformierten in seiner Nachbarschaft nicht wahr? Drang der Armeleutegeruch, das Säuerliche, Ungelüftete, vom Qualm süßlicher Zigaretten Gemischte nicht bis zu seinen Geruchsnerven? Hatte er überhaupt teil an dieser geheimnisvollen, anonymen Elendsatmosphäre?

Plötzlich setzte er sich in Marsch wie ein Schiff bei schwerer See. Nun sah man deutlich, daß die Augen von fremden Dingen ganz voll waren. Unverletzlich steuerte das Mannsschiff durch den Ozean der Geräusche und Gerüche, sagte »Gestatten?« und umfuhr die Stuhlklippen. Außer seinem Packsack schleppte er auch sonst noch viele Gewichte mit sich. Niemand konnte es übersehen.

Er kam aus einer Stacheldrahtwelt, wo es nicht hieß: Wozu und warum und weshalb? Da war die elementarste Frage nur die gewesen: Wann komme ich hier heraus?

Jetzt hatte er einen Stuhl erwischt, und wieder fragte er: »Gestatten?« Er saß und knöpfte sich umständlich den Mantel auf. Er war unter tausend Menschen, aber mutterseelenallein. Er trank ein süßliches Wasser, das er als Bier bestellt hatte. Zehn Mark Pfand für den Becher!

Wieder beschrieb seine Rechte eine Kurve und fuhr zum Kinn. Eine Frau schaute ihn an mit guten mütterlichen Augen. Ein Mädchen in Mannshosen neben ihm las ein sonderbares Buch: »Unsere Getreidearten und Feldblumen«. Ab und zu fühlte er den Blick des Mädchens auf sich gerichtet. Das Mädchen trug eine Art Turban auf seinem Kopf, sehr rot und keck, und es hatte ein hurtiges Stubsnäschen im Gesicht. Sicherlich hätte es mit ihm geschwätzt, wenn er gewollt hätte.

Lange war dann nichts.

Dann sagte er plötzlich zu dem Turbanmädchen:

»Bitte, wieviel Uhr ist es?« Es hieß: Liebes, gesegnetes Mädchen, ich möchte etwas mit dir schwätzen. In diesem Augenblick wünschte er sich nichts mehr als Dauer, Dauer dieses Augenblicks, wo ihn das Turbanmädchen aus erstaunten Augen geradewegs ansah. Die Nasenflügel des Mädchens bebten leise, mehr zu ahnen, als zu sehen. In diesem Augenblick durchrieselte den Mann so etwas wie Glück und Einverständnis und Zuversicht. Eine seltsame Empfindung umkreiste die beiden Menschenkinder. Er empfand einen fernen Begriff dieser Welt, in die einzutreten er sich anschickte.

Sie saßen in diesem weiten Wartesaal, dessen Wände mit Brettern verschalt waren, wie in einem Behältnis, in dem die Geschicke schliefen. Sie redeten miteinander, das eine horchte auf das andere, und wußten nicht, daß die eine umarmende, barmherzige Gebärde des Leids allgegenwärtig über ihrem Wartesaalasyl lag.

Er wolle zu einem Kriegskameraden in die Nähe Lüneburgs, der habe eine Autoreparaturwerkstätte. Von seinen Angehörigen wisse er leider nichts. »Bitte«, sagte er noch einmal, »wieviel Uhr ist es jetzt? Ich muß langsam gehen. Bahnsteig vier, glaube ich.« Übrigens: H. heiße er, Gerhard H.

Auf dem Deckel eines Büchleins, das der Mann beim Umpacken aus der Tiefe seines Packsackes hervorgeholt und wieder verstaut hatte, hatte das Mädchen längst einen Stempel gelesen: Dozent Dr. phil. habil. Gerhard H., Breslau, Heiliggeiststraße 14.

Der Mann segelte wieder durch den Wartesaal dem Ausgang zu. Auf dem Rücken seines Mantels waren jetzt zwei große Antiquabuchstaben zu lesen: P. W.

Er segelte davon und ward nicht mehr gesehen.

»Dies müßte Balzac beschreiben«, sagte der Kleine, der Kahlköpfige mit der Stahlbrille, die mittels Bindfaden zusammengehalten wurde.

»Was?« sagte Hildenbrand.

»Na, ist das vielleicht nichts hier?« sagte der Kahlköpfige. »Schau dir das an!« Es roch ziemlich nach Schweinekoben, nur etwas süßlicher.

Beider Blick blieb an einer Frau hängen, die auf einem Rucksack saß und ihr Kind stillte. Sie saß zwischen ein paar jungen Leuten und einigen Frauen. Ein Junge, vielleicht fünfzehn war er alt, stierte in einer Mischung von Verlegenheit und entrückter Neugier auf die Brust der jungen Frau, die sie prall und ungeniert dem Säugling darbot.

»Wie heißt du eigentlich?« fragte Hildenbrand den Kleinen, den Kahlköpfigen.

»Ich?« entgegnete er und sah ihn an. »Warum?«

»Na«, sagte Hildenbrand, »man darf doch schließlich mal fragen.«

»Ich heiße Gutbier, Gustav Gutbier, Doktor!« Er sagte es zynisch.

»Was sagst du?« sagte Hildenbrand, »Gutbier heißt du? Ein famoser Name, okay! Doktor auch? Ich heiße Hildenbrand, ich war Jagdflieger.«

»Das hast du mir schon mal erzählt«, sagte der Kleine schnell, und es interessierte ihn ganz und gar nicht, »das hast du mir schon mal erzählt. Ich war Oberschnäpser, damit du es nun weißt, Schreibstube, zwölfmal vorm Impfen gedrückt.« Auch das sagte er zynisch.

In der Nähe der stillenden Frau fanden sie einen

freien Platz auf dem Boden. Zwischen ein paar Stühlen und Tischen lagerten sie sich hin. Auch die übrigen waren meist Entlassene.

»Warst du Pg?« fragte Hildenbrand den Doktor ohne Übergang und sah ihn an, während er die Zeltplane auf dem Boden ausbreitete.

»Auch!« sagte der Fremde, der Doktor. »Aber erst seit siebenunddreißig. Ein guter Staatsbürger war ich. Drei Mark gab ich zum Eintopf.«

In diesem Augenblick gewahrten sie, beide zur gleichen Zeit, das Mädchen. Es saß auf einem Stuhl, nicht weitab von der stillenden Frau, beide Hände in die Taschen ihrer Mannshose gesteckt. Aus einem unerfindlichen Grund zog es die Rechte aus der Tasche, die einen Bogen beschrieb, und fuhr sich damit übers Haar. Ein Mädchen, dachten beide zugleich, vielleicht sechs- oder siebenundzwanzig, schätzten sie. Es brütete in sich hinein wie ein Vogel.

Hildenbrand mußte etwas zum Rauchen haben. Er ging, kletterte über Schlafende, drang bis zum Büfett vor. Nach einer Weile kam er wieder. Zwei Stumpen hatte er, für die er zwanzig Mark bezahlt hatte. Es sei ihm alles egal.

»Du kriegst ein Tütchen Zitronenpulver von mir«, sagte der Doktor.

»Och«, sagte Hildenbrand, »das ist nicht nötig.« Sie zündeten die Stumpen an.

Das Mädchen schaute nun auf Hildenbrand, fixierte ihn unauffällig. Beider Blicke begegneten sich. Er fühlte, wie ihn das Mädchen taxierte, vorsichtig abschätzte. Eine Schleuse tat sich in ihm auf. Er dachte an Fräulein Brügelmann, an seine Braut oder wie man es nennen wollte, die er vielleicht in zwei oder drei Tagen in die Arme nehmen würde. Das ist noch lang, sagte er sich. Hildenbrand fühlte eine leichte elektrische Spannung in seinem Körper.

Plötzlich beugte sich das Mädchen etwas vor und sagte, ihre Augenbrauen wölbten sich dabei: »Kann ich mal einen Zug haben?«

Wie über eine feine Membran klang es in Hildenbrand. Er sagte: »Bitte sehr!« und dachte: Donnerwetter! Sie tat ein paar Züge und gab den Stumpen zurück. Der Doktor, auf dem Rücken liegend, schaute teilnahmslos zu. Vielleicht dachte er an Balzac.

In Hildenbrand gewitterte und glühte es leise. Es war kein besonders hübsches Mädchen, aber es hatte ein gutes Gebiß. Die Lippen waren geschminkt. Hildenbrand betastete es mit Blicken und ergriff jetzt schon frech und schamlos Besitz von ihm. Auch im Blick des Mädchens lag eine lauernde Bereitwilligkeit, eine Art zitternder und lechzender Wachheit der Sinne, eine gewisse berechnende Sinnlichkeit.

Sie müsse mal nach draußen wegen des Fahrplanes, ob er eine Ahnung habe, wo der Fahrplan hänge, sagte sie. Das war vieldeutig.

Er ging mit. Der Doktor, immer noch in der Horizontalen, flüsterte zu Hildenbrand: »Mensch, das ist ein dicker Hund!«

Hildenbrand reichte dem Mädchen die Hand und stützte es beim Übersteigen der am Boden Liegenden. Das Mädchen war von Hildenbrands Größe, trug ein Jackett und darunter eine bunte Sommerbluse. Der Halsausschnitt war gewagt, das muß gesagt werden. Die oberen drei Knöpfe geöffnet. Manchmal, je nachdem, wie es sich bewegte, sah er den Ansatz der Brüste. Das Mädchen richtete es so ein, daß er es sehen mußte. Hildenbrand trank es in leiser Erregung und mit unverhohlener Begierde.

Auch im Bahnhofsvorraum lagen Schlafende auf dem Boden, Männer, Frauen. Polnische Uniformierte strichen umher. Durch das offene Dach sah man den nächtlichen Himmel.

Hildenbrand faßte das Mädchen am Oberarm. Er fühlte es weich. Wieder spürte er die leise elektrische Spannung. Wieder spürte er das heimliche Geladensein der Luft.

Der Zug nach Hamm fahre 5.14 Uhr, aber sie könne nicht feststellen, ob sie Anschluß nach Hannover habe.

»Wie heißt du eigentlich?«

Das Mädchen löste seine Hand von ihrem Oberarm. »Immer so stürmisch?« fragte es und zog wieder die Augenbrauen zu einem Bogen hoch. Ihr Haar war wirr.

»Was heißt hier stürmisch? Ich komme aus dem Lager, bitte!«

»Sie sind ein Draufgänger, was?«

»Vielleicht«, sagte er, »komm, wir gehen.«

Als sie nach drei Stunden in den Wartesaal zurückkehrten, sagte Gutbier, der Doktor, er döste vor sich hin: »Mein Gott«, sagte er, »seid ihr schon wieder da?«

Und mit gutem Grund fügte er hinzu: »Balzac müßte wiederkehren.« Das war alles.

(1947)

Zwei junge Leute

Zwei junge Leute kommen täglich vorbei. Er vielleicht zwanzig, ein schlaksiger Kerl, mit ein paar Pickeln im Gesicht, die Ärmel seiner gefärbten Soldatenbluse etwas kurz, sie, vielleicht siebzehn oder achtzehn, die nur Angelika, die Engelhafte, heißen kann, die schön ist, wie nur ein Engel sein kann. Ihr Kleidchen verrät wohlgefällige Formen, und sie präsentiert ihre Figur so liebenswürdig, daß Leute, die das alles schon hinter sich haben, neidisch werden müssen, wenn sie es sehen. Und sie sehen es alle.

Zwei Verliebte sind es. Sie sehen es alle, die Leute. Und sie können es gar nicht übersehen. Die Augen der beiden glänzen und glühen. Keiner hat es schöner als der Volkslieddichter ausgedrückt: Kein Feuer, keine Kohle kann brennen so heiß. Sie gehen daher, Romeo und Julia, Tristan und Isolde, blind für alles, was um sie ist. Hausruinen sehen sie nicht, nicht die Hetze der Menschen, nichts. Ums Leben gern möchte man wissen, über was sie reden, lachen, scherzen. Ums Leben gern. Seit einigen Tagen kommen sie untergehakt, eingehüllt in lauter Jugend, umsponnen von der Aureole ihres Verliebtseins. Sie sehen es alle, die Leute. Nur sie sehen es nicht, die beiden. Es schiert die überhaupt nichts. Welche Briefe müssen sie sich schreiben, wenn sie sich einen Tag nicht sehen können, gesetzt den Fall.

Der Chronist, der Dieb, der Astlochgucker, der törichte Mensch, schreitet hinter den beiden her. An der Haltestelle der Straßenbahn bleiben sie stehen, untergehakt. Sie lassen sich gar nicht los. Man möchte platzen. Vor Neid.

»Du«, sagt sie und schickt ihre Kohlenaugen zu ihm hinaus.

»Ja?«

»Ich hab' dir was mitgebracht«, lächelt sie verlegen und öffnet die Aktentasche. »Hier, bitte!«

Er macht das kleine Tütchen auf und hört ihren Spruch dazu: »Es ist nur, weil du so gerne rauchst.«

Sie steht da wie ein großer, blühender Magnolienstrauch. Er steht da wie ein Pferd. Es sind ein paar Zigarettenstummel.

Was er entgegnet, ist nicht mehr zu verstehen, denn die Bahn kommt, und sie steigen ein.

Verliebt ist gar kein Ausdruck mehr für diese beiden.

O rühret, rühret nicht daran! sagt Emanuel Geibel.

(1948)

Gottes Lächeln über einer Allee

Die kanadischen Pappeln ...

Pappeln bilden die Allee, lateinisch Populus, zur Familie der Salikazeen gehörig. Es sind kanadische Pappeln: große, riesenhafte Säulen, lange Kerls, wenn es erlaubt ist, dies zu sagen. Sie erheben sich, herbe und streng, fabelhaft hoch hinaus. Im Kurprospekt spielt die Allee eine wichtige Rolle. Schon auf dem Titelblatt. Die Allee ist die repräsentative Visitenkarte des Städtchens. Ein raffinierter Photograph hat sie schräg von unten photographiert, und es sieht ein wenig nach Gotik aus, obwohl die Pappeln kanadisch sind. In den Rüstern der kanadischen Pappeln singt, summt, säuselt, webt und streicht der Wind. Sie stehen da in der Landschaft wie eine aus dem Modellierbogen geschnittene Dekoration.

Im Winter ist die Allee zum Verzagen langweilig. Um einen Begriff von der Langeweile zu vermitteln, muß gesagt werden, daß morgens nur ein paar namenlose Personen über sie eilen. Rucksäcke verraten, daß sie sich im Kampf ums Dasein befinden. Das Milchauto, ein Dreirad, und der Wagen des Herrn Landrats fahren regelmäßig durch die Allee. Wenn der Herr Landrat vorbeisaust, gehen die langen Kerls in Grundstellung und nehmen Blickwendung. Denn der Herr Landrat ist, da es sich um eine Kreisstraße handelt, der Bäume Vorgesetzter. Im Brennholzbeschaffungsprogramm spielten die Pappeln schon einmal eine Rolle. Für die Bäume ging es positiv aus.

Indem die Bäume also die Visitenkarte sind, dienen sie einer Sache, und indem sie dort *in corpore* stehen, jahraus, jahrein, überzeugt und überzeugend, dienen sie der Verschönerung des Ortsbildes. Der Krieg, obwohl Panzer und Trosse durch die Allee zogen, hat ihnen nichts anhaben können. Etwas Lyrik war ihnen gelegentlich bekömmlich. Ein Dichter, der im Städtchen wohnt, hat neuerdings der Allee ein zartes Sonett gewidmet.

Man sieht ihn zuweilen, den Dichter, der eine Baskenmütze trägt, durch die Allee wandern, die Hände auf dem Rücken, den Blick frei geradeaus gerichtet. Etwas Schnee liegt auf den angrenzenden Feldern, weiß mit einem Schuß ins Violette.

… *horchen angestrengt*

Zwei junge Menschen gehen durch die Allee. Es ist die Liebe ihrer jungen Jahre, die sie hier gehen läßt, die große Liebe, die geradenwegs in den Himmel oder ins Verderben führt. Wunderbar, wie sie dahinschreiten in ihrem Glück, man kann es von weitem sehen. Aber die Wissenden wissen, daß es nicht gut ausgehen wird mit den beiden, daß die Sache scheitern wird. Er wird sie eines Tages verlassen, wie Lohengrin Elsa verließ, ohne Frage.

Die Himmlischen haben an diesem frühen Nachmittag ein kleines Quantum Sonne geschickt. Der violette Schnee erhält dadurch einen imaginärblauen Schein.

Die Natur lodert ein wenig. Zwei Elstern erzählen sich etwas, vielleicht über Volksdemokratie, die Haager Landkriegsordnung oder Existentialismus, es könnte ja sein.

Wir möchten indessen nicht beim Liebespaar stehenbleiben, das bereits um die erste Kurve verschwunden ist, oder bei den Elstern, die ebenfalls Stellungswechsel machen. Wir müssen vielmehr einige Stare registrieren, die auf der höchsten Spitze einer kanadischen Pappel eine kurze Siesta eingelegt haben. Es ist Januar, und es ist kalendermäßig Winter, und es liegt, wie wir sahen, sogar etwas Schnee. Das Starenvölkchen können wir hier gewissermaßen in flagranti ertappen. Es singt. Zuerst probeweise und verhalten und mehr übungshalber. Alle Kehllaute werden durchgeübt, dann kommen Schnalzlaute dran, klappende und halblaut gurgelnde. Die ganze Allee erhält einen Schuß ins Musikalische.

Hier ist also der erfreuliche Tatbestand zu verzeichnen, daß ein ganzer Schwarm Vögel im Januar bereits singt. Die Pappeln horchen angestrengt hin. Frühling? Selbstverständlich noch kein Frühling, wie denn auch. Es ist alles noch ein Versuch, ob man es noch kann. Die Vögel ahnen gar nicht, was sie damit anstellen. Eben kommt das Liebespaar zurück. Mit gesammelter Miene und von merkwürdigen Gefühlen durchronnen, bleibt der junge Mann stehen. Er sagt, indem er die Vögel sieht: »Nanu?« Nach einer Weile kommt auch der Mann zurück, der das Sonett fertigstellte. Er sagt, die Stare sehend, ebenfalls von merkwürdigen Gefühlen angerührt, nichts. Er verarbeitet die Vögel innen, im Busen: Ein Entwurf zu einem neuen Gedicht bildet sich in ihm. Er weiß um die Ruchlosigkeit der Menschen, aber auch um das Ewiggültige, Zeitlose der singenden Vögel. Er formuliert es bereits da innen: Gottes Lächeln möchte er das Ganze nennen, Gottes Lächeln über einer winterlichen Allee. Es macht ihn froh und etwas beschwingt, und sein Herz neigt sich zu den tiefen Brunnen, wie es von Dichtern beschrieben ist. Dann saust, wie meist um diese Zeit, der Wagen des Herrn Landrats vorbei.

Es ist noch lange kein Frühling, darüber müssen wir uns klar sein. Eine Schwalbe macht noch keinen Sommer, wie wir dank Äsops Fabeln wissen. Und ein singendes Starenvölkchen noch keinen Frühling. Bedenk es, o Mensch!

(1948)

Wenn es klingelt

Butterkremtorte

Ich war zu Gast bei einem Freund. Zum Nachmittagskaffee. Der Freund ist von der Fachschaft bildende Kunst, lebt normal, bekommt keine Zulage als Schwerarbeiter und hat, weil durch drei Jahre Stacheldraht etwas verbittert, für die Spezies Normalverbraucher eine Kollektion schöner Namen. »Armes Luder«, mit Verlaub, ist der mildeste. Wir tranken Kaffee, dazu aßen wir Torte. Ins Ohr gesagt: Butterkremtorte. Es bestand Anlaß dazu.

Plötzlich klingelte es. Ist es etwas Besonderes, wenn es klingelt? Nein. Aber ... aber die Frau des Freundes sprang auf, ergriff Kuchenschüssel samt Torte, schrie unterdrückt »Fort!« und ließ die Torte verschwinden.

Wehlener Domprobst

Ich war bei einem anderen Freund. Beruf Arzt. Wir tranken eine Flasche. Seine Frau, er und ich. Mosel. Genau: Wehlener Domprobst. Es bestand Anlaß. Sonst hat er nie Wein, ich weiß es. Woher auch? Er hat keinem Wehlener Domprobst den Blinddarm fortzunehmen. Er säbelt an Normalverbraucher-Blinddärmen.

Plötzlich klingelt es. Vielleicht ein Patient. Die Frau sprang auf, ergriff den Domprobst am Hals, stellte ihn hinter den Ofen. Tarnte mit dem Ofenschirm. Gläser in den Schrank. »Mein Gott«, sagte sie, »wenn das einer gesehen hätte.«

Speck

Ich besuchte meine Eltern. In einer Kleinstadt. Sozusagen auf dem Lande. Meine Mutter, die Gute, zaubert ein Stück Speck auf den Tisch. Größe einer Griffeldose. Sie säbelte etwas herunter, sah sich in der Stube um, in der niemand war. »Weil du es bist«, sagte sie. Plötzlich klingelte es. Ein Griff zur Griffeldose. Ab in die Kammer. »Deck das Tuch über dein Brot!« befahl sie. Ich tat es. Draußen war der Mann, der das Elektrische abliest.

Butter

Bei mir zu Hause. Belangloses Abendbrot. Aber ein Stückchen Butter lag auf einem Schüsselchen. Ich beeide: Zusatz für unser Töchterchen. Plötzlich klingelte es. »Wer?« sagte meine Frau. »Vielleicht der Onkel aus Amerika«, sagte ich. »Weg damit«, sagte meine Frau und stellte sie in den Bücherschrank, die Butter. Genau: auf Döblin »Die literarische Situation«.

Es war Herr B., der Student. Hatte er es gerochen? Er sagte (und lächelte): »Mußte erst die Seite Speck verschwinden?« – »Nein«, sagte ich, »Butter«. – »Bei meiner Mutter«, sagte er, »verschwindet alles vom Tisch, wenn es klingelt.«

Weniger Schein als sein

Was können wir folgern aus diesen Sachen? Erstens: Wir möchten den Neid nicht wecken, möchten für arm gehalten werden und nicht den Eindruck hervorrufen, etwas mehr zu haben als die anderen armen Teufel. Zweitens: Unsere Begriffe haben sich ins Gegenteil verkehrt. Armut schändet nicht mehr. Armut – wie beim heiligen Franziskus – adelt. Drittens: Ein neuer sozialer Typus ist im Entstehen. Der Kleinbürger wollte mehr scheinen als sein. Wir wollen weniger scheinen als sein. Wir tarnen uns, indem wir – wie einst der Kleinbürger – vom Schein leben. Wie wäre dieser Typus zu nennen? Vielleicht Normalbürger?

Wie ist dieses Phänomen einer völligen Umkehrung unserer Denkweise zu erklären? Es wäre gut, wenn uns studierte Männer Aufklärung gäben. Vielleicht äußert sich mal einer.

(1948)

Die Postkarte

»Der Papa kommt!«

Eine junge Frau, Ostvertriebene, siebenundzwanzig Jahre alt, deren Namen zu nennen aus Gründen begreiflicher Diskretion vermieden sei, erhielt in diesen Tagen eine Postkarte. Sie stand in der Küche fremder Leute, zu denen sie sich halbtageweise als Hilfe verdungen hatte, und hantierte mit dem Geschirr, als ihre Mutter, eine ältere, schwerhörige Frau, hereintrat und ihr wortlos die Postkarte überreichte. In Begleitung der Schwerhörigen war das vierjährige Töchterchen der jungen Frau, ein hübsches, lebendiges, quirlendes Wesen. Ehe die junge Frau noch den Inhalt der Karte gelesen hatte, sagte das Kind: »Der Papa kommt!« Es ist fraglich, ob ihr Hirn, selbst als sie die Karte bereits gelesen hatte, schon den Sachverhalt notierte und begriff. Wenn sie jetzt, in diesem Augenblick, der Schlag getroffen hätte, es hätte uns nicht wundern sollen. Einen langen Augenblick, den sie durch das geöffnete Fenster nach draußen in den Garten gehen ließ, der Zeitraum von einem Wimperzucken zum anderen, mußte es die Frau durchfahren bis in den tiefsten Brunnen ihrer Seele, gnadenlos, schreckhaft, wie eine plötzlich hereinbrechende Naturkatastrophe. Dann sagte sie, den Blick nach draußen: »Nein.« Mehr nicht, kein Wort mehr. In diesem Augenblick, schien uns, muß sie unsäglich allein gewesen sein.

In diesem Augenblick nun erwarteten wir den Stau von Tränen losbrechen, von Tränen der Freude, des unfaßbaren Glücks, den heißen Strom entfesselter Gefühle, den Klang taumelnder Musik. Es geschah nicht. Es geschah nicht, wir sahen es fassungslos. Sie mußte sich unglaublich in der Gewalt haben. Dann sagte sie tonlos: »Es ist nicht wahr.« Mehr auch jetzt nicht, wieder kein Wort mehr.

Freilich war die Postkarte ein Stück amtlicher, dokumentarischer Wahrheit, ein unleugbares Faktum, mit einem Stempel und einer Unterschrift darauf; Absender: Suchdienst für die sowjetische Besatzungszone, Berlin, mit Poststempel versehen ebenda am 15. Juli 1948, mit dem Flugzeug in Marsch gesetzt ins Rheinland, eingetroffen beim Empfänger am 22. Juli. Ihr Mann, letzte Nachricht aus Ulm vom Februar 1945 mit Marschbefehl nach Kiel, lebte, und zwar, wie die Karte auswies, in einem kleinen Ort in Thüringen.

Wie vermöchte man, selbst als Zeuge dieses Augenblicks, auszudrücken, was an tosendem Tumult in der jungen Frau vorging, wie es da innen in ihr schmerzhaft gärte? Wir hatten sie – fast schämt man sich, das Wort niederzuschreiben – schon lange als Witwe angesehen. Denn nichts, nichts hatte sie vernommen von ihm seit dem Brief aus Ulm. Als sie ging, mit dem Telegramm nach Thüringen in der Hand, lag noch immer ein wenig Betäubung über uns. Wohin ging Sie? Hinüber in eine andere Welt?

Schon am nächsten Tage, nachmittags, wunders genug, kam der Postbote und brachte das Antworttelegramm an die junge Frau. Es muß sie wohl kalt und heiß geschüttelt haben, als sie's in Händen hielt. Nichts anderes stand darinnen als dies: »Alles zwecklos, Brief folgt, bitte nichts unternehmen.« An diesem Tage nun hatte sie rote verweinte Augen. Ein witternder Instinkt war in ihr wach geworden und gewann eine solche Macht über ihre Gedanken, daß sie allmählich in eine Sphäre der Verzweiflung sank. Ihre Gedanken wurden von Zweifeln, Verdachten und Vermutungen, von Bedenken und Skrupeln bevölkert, sie tat ihre Arbeit in einer seltsam abwesenden Art. »Was heißt das«, sagte sie, »alles zwecklos, nichts unternehmen? Ist er als Krüppel heimgekommen? Ist er mit einer anderen zusammen, vielleicht wieder verheiratet? Hat er gewußt, daß wir noch leben, ich und sein Kind?« In ihrer ganzen armen Welt waren nun solche Gedanken und ließen sie nicht los, fanden immer wieder Nahrung, an diesem, an jenem.

Die große Mühle Schicksal hatte sie in ihr Räderwerk genommen. Die Kelter, der sie wehrlos ausgesetzt war, lief auf Touren. Voll Argwohn spürte sie wahrscheinlich den Reif am rechten Ringfinger. Ihre Lippen waren sehr schmal geworden, die Augen flakkerten.

Und nun wartet sie auf den Brief, der nichts Gutes bringen kann. Die große Mühle Schicksal ist ohne Gnade. Ist sie das, ganz ohne Gnade?

(1948)

Auch damals gab's schon laute Töne

Essen kontra Köln und Düsseldorf

Ein Wolff betritt die Arena

1946 forderte die Stadt Köln ihre freundliche Nachbarin Düsseldorf auf schwere Säbel. Düsseldorf, inzwischen zur Residenz des Landes Nordrhein-Westfalen avanciert, antwortete, wie es seiner Art entspricht, nur mit leichtem Florett. Die weniger boshafte, sondern mehr rheinische Stichelei dieser beiden Schwesterstädte ist eine alte Geschichte, doch bleibt sie ewig neu. Die Kölner spuckten verächtlich in den Rhein, die Düsseldorfer quittierten mit überlegenem Lächeln. Der Grund war dieser: Die Stadt Düsseldorf, so erklärte der Kölner Oberbürgermeister Dr. Pünder damals namens der gesamten Kölner Stadtverordneten, werde in allen möglichen Dingen von allen möglichen Stellen bevorzugt, namentlich aber in der Zuteilung von Verbrauchsgütern. Die Düsseldorfer, damals noch von dem jetzigen Frankfurter Oberbürgermeister Dr. Walther Kolb geführt, der überall in die Hände zu spukken und anzupacken pflegt, parlierten in der ihnen gemäßen Art. Wie denn, wie denn? sagten sie sehr unschuldig, und dabei blieb es.

Nunmehr kommt die Ruhrgebietsstadt Essen als dritte der nordrheinischen Städte buchstäblich wie ein Wolf in die Arena gestürzt. Sie fühlt sich sowohl von Köln als auch von Düsseldorf an den Rand gedrückt und erheblich übervorteilt. Ihr Oberbürgermeister Dr. Heinemann hat mit einer kritischen Denkschrift in Form einer Broschüre über »die Maßzahlen für die Zuteilung von Verbrauchsgütern« seinen Stadtdirektor Dr. Wolff in die Arena, nämlich in die Öffentlichkeit geschickt.

Die Stadt Essen, so sagt Dr. Heinemann, sehe sich seit langem in der Verteilung von Verbrauchsgütern als erheblich benachteiligt an. Der Ursprung dieser Benachteiligung sei in den Maßstäben zu suchen, nach denen die übergeordneten Stellen der Wirtschaftsverwaltung die Zuteilung von Verbrauchsgütern ermitteln. Essen verlangt »keine andere Behandlung, als es seiner Lage und seinen tatsächlichen Verhältnissen entspricht«.

Arithmetik und Akrobatik um Schuhe, Kochtöpfe und »Schnaps«

Nunmehr reitet Dr. Wolff mit einer Fülle von »Beweismaterial« die hohe Schule der Kommunalpolitik. Er tut es gründlich, obwohl seine Feststellung, Essen sei die größte Stadt der britischen Zone, die bedeutendste Kohlenstadt des Kontinents und die Stadt der stärksten und nachhaltigsten Kriegsschäden, sicherlich den Protest der Hamburger und Kölner herausfordern wird. Die Kohlenstadt werden sie ihr zugestehen, obwohl sie sagen werden, wir merken nichts davon, aber die größte Stadt ist nun einmal Hamburg, und Essen folgt erst mit erheblichem Abstand und was die stärksten und nachhaltigsten Trümmer angeht, da dürfte Köln allen anderen Großstädten absolut und relativ den Rang ablaufen.

Die Schalterstellung Essens gegenüber Düsseldorf und Köln wird mit mancherlei Zahlen dargelegt, die einer wahren Akrobatik der Arithmetik gleichkommt. Der Anteil an der Gesamtbevölkerungszahl der Nordrheinprovinz beträgt bei Essen 8,95, bei Köln 8,25 und bei Düsseldorf 7,06 Prozent. Nur der Anteil der Versorgung mit industrieller Berufskleidung entspricht dem Bevölkerungsanteil, der Anteil bei Dieselkraftstoff, Reifen, Schuhen, Leder und Säuglingswäsche ist niedriger, der Anteil bei Textilien, Bekleidung, Möbel, Hausrat, Fahrrädern und Benzin ist höher. Dennoch, so behauptet Dr. Wolff, ist diese Einstufung in die Schlüsselung falsch, die Meß- oder Grundzahlen müßten revidiert werden, weil die Faktoren der Schlüsselung, nämlich Bevölkerungszahl, Zahl der Rückkehrer und Flüchtlinge, Zerstörungsgrad, Verkehrs- und geographische Lage, räumliche Ausdehnung, Zahl der Fahrzeuge, der Berufstätigen, Kleinstkinder usw. usw., nicht richtig gewertet worden seien. Viele Zahlen belegen die Feststellung des Stadtdirektors, daß Köln und Düsseldorf besser dran sind. Außer den vier Gruppen der »leichtbeschädigten«, »mittelschwerbeschädigten«, »stark beschädigten« und »sehr stark beschädigten« Städte müsse für Essen allein als Sondergruppe die Gruppe »übermäßig stark beschädigt« eingeführt werden. Essen habe – nur ein Beispiel – 3450 Kanalschäden, Köln nur 785, Düsseldorf 704. Auch der völlige Strukturwandel der Verkehrssituation müsse bedacht werden. Ein großer Teil der für die Versorgung benötigten Güter muß heute mit Lastkraftwagen herangeführt werden, Gemüse und Milch aus einem Gebiet, das mehr als 100 Kilometer entfernt liegt, Mehl für die Brotversorgung aus Duisburg und Krefeld, weil keine eigenen Mühlen vorhanden seien. Köln zum Beispiel spare monatlich allein 16000 Liter Treibstoff für den Milchtransport ein. Neuerdings sei Essen, das mit 29 Schächten 47000 Bergarbeiter beschäftigt, genötigt, Braunkohle aus dem Kölner Revier mit LKWs heranzuschaffen, während der Transport von Steinkohlen aus dem Ruhrgebiet nach Köln mit der Eisenbahn erfolgt. In Essen ist nur ein Drittel der Straßenbahnen aus der Vorkriegszeit einsatzfähig. In Düsseldorf sind zwei Drittel, in Essen nur ein Siebentel der Telefonanschlüsse wieder in Betrieb. Folgerung: Die vorhandenen Kraftfahrzeuge müssen heute stärker als früher für den Güter-, Personen- und Nachrichtenverkehr eingesetzt werden. Also: mehr Kraftfahrzeuge, mehr Reifen, vor allem mehr Treibstoff. Die hügelige Lage Essens bedinge einen vermehrten Kraftstoffverbrauch von 10 bis 15 Prozent. Auch die Schlüssel für die Wirtschaftsintensität, namentlich die Meßzahl für die Berufstätigen, bedürfen einer Revision.

Die Essener Argumentationen sind sicher stichhaltig. Wie Köln und Düsseldorf, wie vor allem die Ministerien in Düsseldorf reagieren werden, bleibt abzuwarten. Werden die Essener einen Kochtopf oder ein Paar Schuhe mehr bekommen? Werden sie mehr »Schnaps« für ihre Kraftfahrzeuge bekommen? Oder wird Oberbürgermeister Dr. Heinemann mit seinem Stadtdirektor Wolff den schwarzen Markt bemühen müssen?

(1947)

Bonn – Sitz des Parlamentarischen Rates

Beginn der Beratungen in der traditionsreichen Stadt

Fundament und Gerüst eines Staatsgrundgesetzes für die Westzonen sollen in Bonn in einer voraussichtlich drei Monate dauernden Beratung des Parlamentarischen Rates geschaffen werden. Wie 1848 in Frankfurt, 1919 in Weimar die Vertreter des deutschen Volkes zusammenkamen, so kommen diesmal, freilich nicht aus unmittelbaren Wahlen hervorgegangen, die Vertreter der westdeutschen Länder in der Beethovenstadt Bonn zusammen. Am Mittwoch begannen die Beratungen zur Ausarbeitung eines Entwurfes einer vorläufigen Verfassung auf Grund der Dokumente der Militärregierungen. Es ist mit 65 Mitgliedern das kleinste Gremium, das bisher über ein derart wichtiges Gesetz zu beschließen hatte. In letzter Minute konnten noch die Länder ihre Vertreter wählen. Je 27 gehören der CDU und SPD, fünf den Demokraten und je zwei dem Zentrum, der Deutschen Partei und der KPD an.

Keine Frankfurter Paulskirche gibt heute den Rahmen für die Verhandlungen ab, auch kein Weimarer Nationaltheater, sondern – und nicht ohne ein bitteres Gefühl hat es der Chronist festzuhalten – in einem nüchternen Tiermuseum und der Aula einer Pädagogischen Akademie als Behelfsunterkunft treffen sich die Abgesandten der Länder. Es mag deutlich machen, wie wenig Pathos an der Wiege dieses neuen Staates steht.

Freilich ist Bonn, das wegen seiner zentralen Lage zwischen Süd- und Norddeutschland reiner Zweckmäßigkeit seine Auszeichnung als Tagungsort des Parlamentarischen Rates verdankt, die Geburtsstadt des Größten im Reich der Töne: Beethoven. Und hier war auch der Hort einiger der größten Geistesbewegungen – der deutschen Romantik. Ein Kapitel deutscher Geistesgeschichte könnte man von Bonn allein mit den Namen Freiligrath, Kinkel, Geibel, Heine, Heyse, Schutz, Nietzsche, Tieck, Kekulé, Menzel und Camphausen schreiben. Wie ein Symbol steht in unmittelbarer Nähe des Tagungsortes das im letzten Krieg völlig ausgebrannte Wohn- und Sterbehaus des Patrioten E. M. Arndt. Der Parlamentarische Rat hat nicht die Absicht, mit jener vaterländischen Bewegung in Wettbewerb zu treten. Mit sehr viel Nüchternheit hat man am 1. September die Arbeit aufgenommen. Die Büros der Ministerpräsidenten sind in Bad Godesberg, die beiden großen Fraktionen in den gegenüberliegenden Städtchen Königswinter und Bad Honnef untergebracht.

Kulisse des Ganzen ist das Siebengebirge, ist seine wie auf Goldgrund gemalte Landschaft. Der Drachenfels allein war mit vier Millionen Besuchern jährlich der meistbesuchte Berg Europas. Bonn, einst eine der nobelsten Städte am ganzen Rhein, machte keine schlechte Figur unter ihnen. Jedenfalls hat diese Stadt in unserer Einbildungskraft, in unserem bewahrenden Herzen, einen ersten Platz. Aber drückt sich die materielle Wirklichkeit nicht in Ruinen, die geistige im Ruin aus? Die Landschaft zerfließt, besonders in diesen Spätsommertagen, ins Heitere, Musikalische. Sie hat Farbe, Form, Ton, Geschmack. Der Krieg hat die Stadt, so sagt man im Rathaus, »mittelschwer« getroffen. Ein schönes Wort von Bauräten: Zerstörungsgrad 32,8 Prozent. Am schwersten ist die Altstadt mit 91 Prozent beschädigt, also sozusagen total, das Münsterviertel zur Hälfte, unbeschädigt der Norden.

Bonn trägt Hypotheken, die ihm nicht unlieb sind und auf die es sich gerne beruft: seine Studentenromantik, Beethovens Geburtshaus. Das letztere vor allem. Die Bomben und Brände fraßen: das ehemals kurfürstliche Schloß, die Universität, das Poppelsdorfer Schloß, das alte Rathaus und den Boeselagerhof.

Wie Bonn, so sind auch die benachbarten Bäder Godesberg und Honnef, auch das kleine Königswinter vorwiegend Pensionsstädtchen, Ruhesitze alter Leute, Refugien des Bürgertums, einer Sozialschicht, über deren Leben das Wort stand: Sekurität. Ganz Boshafte sagen: Rheinische Kalkwerke. Das Bild hat sich gewandelt: Die Armut ist deutlich zu sehen, trotz aller Fassaden ihrer Jugendstilvillen.

Ein echtes Wunder ist es, daß in der Bonngasse das Geburtshaus Beethovens noch steht, obwohl, wie der Hausverwalter sagt, drei Brandbomben auf das Dach fielen. Alles rundum in der Altstadt aber sind ausgebrannte Hausskelette. 30000 Besucher, darunter etwa 20000 Ausländer aus den USA, aus den westlichen und nordischen Ländern, aus Afrika sind nach dem Kriege wieder in das kleine Dachkämmerchen gestiegen, in dem er geboren wurde. Es ist ein schrägwandiger Dachverschlag, zum Verzagen trostlos und ärmlich. Man darf es glauben, daß er wirklich Deutschlands ärmster Sohn war, als ihn Frau Magdalene hier zur Welt brachte.

Zahllose Reliquien aus seinem Leben hat der »Verein Beethovenhaus«, in dessen Obhut das Haus steht, zusammengetragen. Auch die Stadt Bonn wahrt mit ihren jährlichen großen Beethovenfesten das Gedenken des Unsterblichen. Nicht ohne Ergriffenheit liest man den Auszug aus dem Sterberegister des Dorfes Wöhring bei Wien: »26.3.1827: Beethoven, Ludwig, lediger Tonsetzer, zu Bonn im Reich geb., gestorben an Wassersucht, 56 Jahre alt.«

Im Hintergrund: Sibirische Wölfe

Das »Museum Alexander König« in der Koblenzer Straße, das die zweitgrößte Tier-, Jagd- und Vogelsammlung der Welt enthält, hat durch den Krieg in seinen Baulichkeiten wenig gelitten. Es ist ein mächtiger, repräsentativer, an klassizistische Formen erinnernder Bau. Der 1941 verstorbene Zoologe Geheimrat König, dessen Vater unter dem Zaren der berühmte »Zuckerkönig von Rußland« und mehrfacher Millionär war, schuf das Museum, das vor dem Ersten Weltkrieg gebaut wurde. Die zoologischen und ornithologischen Sammlungen aus aller Welt sind eine einzigartige Kostbarkeit.

Der große Lichthof des Museums ist für die Eröffnungsfeierlichkeiten, der Festsaal für Empfänge instand gesetzt. Die Aula der Lehrerakademie in der Gronau, direkt am Rhein gelegen, wurde für die Plenarsitzung bestimmt. In den Wandelgängen des Museums steht, in zahllosen Vitrinen ausgestopft, die Zoologie der gesamten Welt. Die riesenhaften Elefantenskelette am Eingang, das Nashorn vom ersten Stock und die große Giraffe in einer Ecke des Lichthofes, die zu schwer waren, um sie wegzutransportieren, wohnen den Feierlichkeiten bei. Und sie geben boshaften Teilnehmern, vor allem den Kameramännern und den Journalisten aus aller Welt, viel Stoff zu spitzen Glossen. Im Gang hinter der Stirnwand des Lichthofes, zwar durch Drapierungen dem Auge enthoben, befinden sich drei mächtige sibirische Wölfe in einer großen Glasvitrine, die Lauscher aufrecht, die Seher funkelnd und die Schnauze auf einen gerissenen Hirsch gerichtet, als stumme Teilnehmer der Verfassungsgeburt. Zufall? ... Oder tiefere Bedeutung?

(1948)

Doktoren, Zoologie und die Macht des »Hasenläufers«

Würde, Nobilität und Generosität

Vierzig Doktoren in einem Konsilium von 65 Menschen, das ist viel, wie man zugeben wird. Die oberflächliche Berichterstattung und Kommentierung der Journale sprach teils von einem juristisch belasteten Konsilium. Das Durchschnittsalter seiner Mitglieder liegt höher, als man sich gewünscht hätte. Es ist viel Würde dabei, viel Nobilität und Generosität, viel Juristisches, auch etwas Kahlköpfigkeit. Die Sache mit dem Nadelöhr, wie sie der Apostel überliefert hat, steht nicht zur Debatte. In diesem Konsilium, Scherz beiseite, herrscht keine absolute Einmütigkeit, wie sollte es auch, aber offenkundig das Bemühen, das Trennende hintanzustellen. Vom Sitzungssaal aus, hundert Meter entfernt, sieht man Vater Rhein dahinziehen, ruhig und gelassen, wie es sich für diesen alten Herrn geziemt. An seinen Ufern war immer die Libertas zu Hause. Und das ist dem Konsilium, von dem wir sprechen, recht bekömmlich. Vom Parlamentarischen Rat in Bonn ist die Rede, dem zwei antipodische Männer das Gepräge geben; es sind die in jedem Betracht überragenden Köpfe, Manager und Souveräne: Konrad Adenauer und Carlo Schmid.

Im Siebengebirge abgesoffen

Die Landschaft hier, so sagt man, habe etwas Versöhnliches und Versöhnendes. Sie hat, das darf man auch nach mehr als drei turbulenten Nachkriegsjahren sagen, das Zaubrische noch nicht aufgegeben. Das Schlüsselwort für sie heißt immer noch Romantik. Hier spannt sich noch, so scheint es, der Himmel Akadiens über das Land. Noch viele träumen hier, wenn sie mit den weißen Schiffen der Köln-Düsseldorfer Rheindampfschiffahrt den Strom befahren, von der blauen Blume. Wer auf dem alten Zoll in Bonn steht, wobei er freilich Obacht geben muß, nicht in die Einmannschützenlöcher zu stolpern, erlebt es. Das Siebengebirge nämlich liegt da, Petersberg und Drachenfels, auch sie einst in den Gesängen der Romantik Bestandteil von Preußens Gloria. Auch diese Landschaft war immer etwas für das Politische. Genau zehn Jahre liegt es zurück – September 1938 –, als der Premier, den die Engländer ihren »ollen, ehrlichen Seemann« nannten und dessen Regenschirm so berühmt war wie seines Nachfolgers Zigarre, in Godesberg den großen Erdrutsch aufzuhalten versuchte. Der alte Herr wohnte damals im Hotel auf dem Petersberg, Besitz des 4711-Fabrikanten und Rennstallbesitzers Mülhens, im Rheinhotel Dreesen, in dem heute mehr als 300 Ostvertriebene darüber nachdenken, wem sie ihr Refugium zu verdanken haben. Zehn Jahre später ist das politische Klima sublimiert und von derselben Spannung.

Als der Krieg zu Ende war, lag unterhalb des Rheinhotels Dreesen ein – wie die Fachleute sagten – abgesoffenes Rheinschiff, das zu heben man fast drei Jahre lang brauchte. Das Schiff hieß, jedermann konnte es an dem aus dem Wasser ragenden Bug lesen, »Weltfriede«. Und jedermann, der vorbeikam, konnte mit Fug sagen, hier am Siebengebirge sei der »Weltfriede« abgesoffen.

Zwischen Wohlstand und Wohlfahrtsamt

Selbst auf die Gefahr hin, den Zorn der für Bonn, Godesberg, Königswinter und Honnef zuständigen Götter zu erregen ist zu sagen, daß diese Landschaft eine alte und etwas abgestandene Landschaft geworden ist. Wie ein melancholischer Abgesang, mit einem getragenen Moderato und einem Schuß Wehmut, nimmt der Fremde zum Beispiel die schönen, unzerstörten und heil gebliebenen Straßen Godesbergs wahr. Bonn ist zwar erheblich zerstört, aber Godesberg, wo die Ministerpräsidenten ihr Verbindungsbüro errichteten, ist heil geblieben. Hier wohnen Hunderte pensionierter Bürgermeister und Pastoren, Tausende sonstiger Pensionäre, Rentiers und Rentieren, Ruhegeldverzehrer, Couponschneider und Altenteilbesitzer, Reste einer stark ramponierten Gesellschafts- und Sozialschicht, die ad oculos die Atmosphäre demonstrieren. Die etwas demütigende Art, wie die Zeit mit ihnen umgesprungen ist, läßt sich nicht verhehlen. Nicht nur Kristallservices, die Broschen von den hochgeschlossenen Blusen, Gemälde und goldene Zwanzig-Mark-Stücke gingen in den letzten Jahren den Weg in die bäuerlichen Truhen des »Ländchens« und des Vorgebirges, die Verlagerung des Besitzes nahm auch hier besondere Formen an durch die belgischen Besatzungstruppen und ihre Familien, für die allein tausend Wohnungen beschlagnahmt sind. Und wiederum zittern in diesen Tagen die, die noch in ihren Wohnungen bleiben konnten, denn nun wollen die Belgier auch ihre Stabsquartiere aus Lüdenscheid in Westfalen mit allem Drum und Dran hierher verlegen. Die kommerzielle und merkantile Eignung der Belgier ging bis zum Genialen. Was an Edelmetallen, kostbaren Steinen und Familienerbstücken an sie verhökert und ins benachbarte Belgien geschafft wurde, gegen Eßbares, Kaffee und Zigaretten selbstverständlich, das konnte sich sehen lassen. Die Einheimischen machen inzwischen Inventur des verbliebenen Vermögens, ängstlich überschlagend, ob und wann der Weg zum Wohlfahrtsamt angetreten werden muß.

Bacchus ist gegen das Doktrinäre

Bonn, mehr als ein Jahrhundert lang eine Stätte intellektueller, musischer und gelehrter Herren, ist gleichwohl eine rheinische Stadt. Ihr geistiges Leben, die Atmosphäre, scheint etwas ins Provinzielle abgerutscht zu sein. Auch heute geben ihr und dem benachbarten Godesberg die Studiker wieder eine jugendliche Note. Aber die »Studentenromantik«, die ihr viele Generationen lang das Gepräge gab, ist dahin. Erschütternden Anschauungsunterricht über den heutigen Studenten liefert der ehemalige Luftschutzbunker in Poppelsdorf, wo mehr als hundert Studenten in einem unterirdischen, fensterlosen Verlies wohnen. Nobel herausgeputzt hat sich jetzt wieder der Gasthof »Zur Lindenwirtin« in Godesberg, jahrzehntelang Aennchen Schumachers Studentenkneipe, aber mehr als Ansichtskartenwert wollen ihm die Nachfahren der alten Burschenherrlichkeit nicht zugestehen. Nebenan in der Mensa überschlagen sie, ob sie sich ein warmes Mittagessen erlauben können. Zuweilen sehen sie in Godesberg einen alten Herrn im Ledermantel, vornübergebeugt, in ein Geschäft treten. ist das nicht, sagen sie dann – ist das nicht der Eugen Klöpfer? Oder diese Dame da, lieber Gott, das ist doch die Bäumer, die Gertrud Bäumer?

Manchmal auch brausen die Wagen der Herren aus dem »Kessel« vorbei. Nicht war, der kleine Herr im vollen Haarschopf ist Herr Löbe, der schmale, dürre Dr. Suhr, die am nächsten Tage wieder auf der Bastion Berlin stehen.

Es hatte etwas ungemein Versöhnliches, als man auf einem Empfang von Nordrhein-Westfalens Ministerpräsident in der Godesberger Redoute einige Herren parlierend an ein und demselben Tisch bemerkte, 47er »Hasenläufer« von der Mosel vor sich: Adenauer, Reuter, Arnold, Jakob Kaiser, der Kölner Weihbischof in violetter Stola und – Max Reimann. Ja, auch er war mit von der Partie. Die Politik ist, das blieb als Trost, nur gelegentlich ein garstig Lied, wie an jenem Nachmittag vorher, als Max Reimann seine Sprüche hinausschleuderte wie Zeus seine Blitze. Der »Hasenläufer«, man sah es deutlich, war gegen das Doktrinäre. Die Meinung läßt sich nicht halten, die Kommunisten seien schlechthin immer dagegen.

(1948)

Nach der Währungsreform

Weg über Land

Es ist die Zeit des Sommers, wo die älteren Dichter schon vereinzelt vom Scheiden, Meiden, Abschiednehmen klagen und das Volkslied singt: Ach, wie bald, ach, wie bald schwinden Schönheit und Gestalt. In diesem alten, schönen Lied ist alles enthalten, was sich zum Thema Spätsommer sagen läßt. Es geht langsam, aber unaufhaltsam bergab mit dem Jahr.

Ein Mann wandert um diese Zeit über die Landstraße. Der Himmel ist noch blau gepanzert. Hoch und streng stehen die Bäume rechts und links, die Napoleon gepflanzt hat, wie die Bauern damals sagten, wenn sie auf ein anderes Thema kommen wollten. Und die Landstraße ist leer. Leer von Menschen, leer von den Kavalkade der Hungernden, die schön bildhaft, das gefräßige Tier als Vorbild, Hamsterer genannt wurden.

Über diese Landstraße hat unser Mann damals, in den bitteren Jahren, eine Fleischhackmaschine geschleppt, den Einkochapparat mit dem Thermometer, die Paradekissen seiner Mutter, die Delfter Kacheln, zwei Oberhemden und das Kristall. Und, man möge nicht lachen, seinen Zylinder ebenfalls, den er nur einmal – damals – zur Hochzeit getragen hatte. Seine Frau, bürgerlicher Tugenden voll, hatte geweint, als er ihn forttrug, und gelacht, als er heimkam. Mit Kartoffeln heimkam. Wenn nun unsere Eltern mal sterben, hatte sie gesagt, was dann?

Über die Landstraße, über diese hier, hat er dann, heimwärts schreitend, ein Liedlein auf den Lippen, Kartoffeln geschleppt, Kohlrabi, Buschbohnen, einige Äpfel, manchmal etwas Körnerfrucht, manchmal eine Flasche Milch, entrahmte Milch für die Kleinen zu Hause. Die Vollmilch war für die lieblichen rosa Ferkelchen gewesen. Der, der ihm das alles überlassen hatte, hieß Johannes, zu deutsch: der Barmherzige, der Gnädige, und mit ihm hatte er im Handstreich die Stadt Vichy genommen, am 19. Juni 1940, mit ihm war er in Agram eingerückt, und mit ihm war er, nördlich Bobroisk, in einem nächtlichen Stoßtrupp über die Beresina gegangen, wofür es das Eiserne Erster gab. Ist das nichts?

Nun, heute, jetzt, ist sie leer, die Landstraße mit den Napoleonsbäumen. Zeitlosigkeit liegt über ihr. Im Hintergrund lagern die Berge. Am Horizont wandert ein Mann mit einer Kiepe. Die Reste eines Schützenpanzerwagens am Straßenrand sind Schlupfwinkel für ein flüchtendes Wiesel. Ährenleserinnen in der Ferne. Ein Falke, sausenden Fluges, kontrolliert wie ein Jabo die Felder. Ein Taubenschwarm fällt auf die Stoppeln. Mit Pferden hantierende Bauern. Der Tröstlichkeit des Bildes kann sich niemand entziehen. Es ist eine echte und rechte Gotteslandschaft. Ist der Bauer nicht Gott am nächsten? Es muß wohl sein. Der bukolische Dichter behauptet es. Das Universum, der Kosmos, das All, die Welt als harmonisch geordnetes Ganzes, Sonne und Wolken mitten inne – unser Wanderer spürt einen kleinen Begriff davon.

Er wandert über die Landstraße, die er so gut kennt, ach, so gut. Er sieht das Dorf in der Hut seines Kirchturms, seiner Kastanien, seiner Dächer. Und er will gern des Polizisten gedenken, der ihn damals zu kontrollieren hatte und es doch nicht tat. Er hatte ein hübsches Gesicht gehabt und hieß Herr Wachtmeister Hammacher, wie Johannes gesagt hatte. Herr Hammacher hatte selber die Milch der frommen Denkart in der Aktentasche gehabt, nur nicht entrahmt. Er bekam die gleiche wie die kleinen rosa Ferkelchen des Bauern. Wer will ihn tadeln dafür, Herrn Wachtmeister Hammacher, wer?

Die Phantasie des einsamen Landstraßenwanderers reicht gerade dazu hin, das alles noch einmal zu überdenken. Dann ist er schon in seinem alten, trauten, lieben Hamsterdörfchen und kommt sich, so lange nicht hier gewesen, wie ein Deserteur vor. Und dann ist der Johannes da mit seinem brauen Gesicht, das wie gutes, reines Kupfer ist, und sagt: »Wie, du lebst noch?« Dann läßt der Johannes den Weizen in die Scheune abladen, trinkt einen Schluck Leitungswasser und muß gleich wieder aufs Feld. Einige ungesagte Worte hängen in der Luft, die Delfter Kacheln machen sich ganz hübsch, und der Abschied wird mit dem Worte abgeschlossen: »Alsdann.« Die Syntax seiner Nachrede ist vorbildlich: »Frau«, ruft er in die Stube, »gib ihm zwei Liter Milch! Und wenn du im Herbst die Kartoffeln haben willst? Auch die Äpfel werden was dies Jahr.«

Was vermag den Menschen mehr aufzurichten und ihm Trost zu geben als die Kameradschaft alter Krieger? Dies bedenkend, zog der Wanderer wieder über die Landstraße, zwei Liter Milch im Rucksack. Diesmal, liebe Freunde, war es Vollmilch. Und nach der Währungsreform, selbstredend.

(1948)

»Briketts – wieviel bitte?«

Ein Mensch – wie Eugen Roth beginnen würde – saß frierend bis auf seiner Seele Grund in seines Zimmers vier Wänden. Es war januarkalt. »Wir haben«, sagte seine Frau, »noch einen Zentner Briketts, dann sind sie alle, höchstens zwei.«

»Am nächsten Tag ging er, der Mensch, zum Rathaus, Abteilung Kohlenamt.

»Keine da«, sagte der Herr beim Kohlenamt freundlich. »Tut mir leid. Kriegen auch nichts rein. Kann ich mir Briketts aus den Rippen schneiden?«

»Gewiß«, sagte der Mann, »aber jeder Haushalt in der Bizone soll in diesem Winter doch zwölfeinhalb Zentner Kohlen oder zwanzig Zentner Briketts kriegen, im Sommer wurde es in Frankfurt laut hinausposaunt, und jetzt, schon nach Neujahr, haben wir erst zwei Zentner Briketts. Ferner bin ich freier Beruf, ich schreibe für Zeitungen. Ich müßte mein Arbeitszimmer heizen.« Es war einfach nichts zu machen. Der Mensch ging also ab.

Das Wunder ist bei Zeitungsleuten nie weit entfernt. Das Wunder war ein Lastzug mit Briketts, der beim Nachbarn abgeladen wurde.

»Chef«, sagte der Zeitungsmann zum wildfremden Lastwagenmann, »kann ich?«

»Wieviel?« sagte der Lastwagenmann.

»Vielleicht zehn oder zwanzig Zentner?«

»Nein«, sagte der Lastwagenmann, »das geht nicht. Nur wagenweise, fünfzig bis sechzig Zentner!«

»Schön!« sagte der Zeitungsmann. Am nächsten Tage fuhr der Lastzug vor. Alles in größter Ordnung: Wiegeschein, Brutto-, Tara- und 3,4 Tonnen Nettogewicht, gleich 68 Zentner.

Und auch mit dem Preis. Alles in Ordnung, selbstverständlich. Vier Mark der Zentner, achtundsechzig mal vier gleich zweihundertzweiundsiebzig Mark. Das ist ein Klecks, nicht wahr, ein Klecks ist das. »Alsdann«, sagte der Lastwagenmann, rechter Finger an der Mütze, Gas und ab.

Und?

Ja und! Und da sitzt nun dieser Herr beim Kohlenamt mit seinem Brikettproblem und fragt, ob er sie sich aus den Rippen schneiden kann. Das kann er natürlich nicht. Insofern ist es eine uninteressante Geschichte. Interessant ist sie nur da, wo der Lastzug mit den Briketts durch diese üppig verwirrte Welt saust. Tausend Lastzüge mit schönen, schwarzen Briketts sausen durch die Welt, zehntausend wahrscheinlich, und sie kosten nicht zwei D-Mark fünfzig oder noch etwas weniger, wie es die hohen Instanzen vorschreiben, sondern vier Mark. Diese Brikett-Lastzüge scheinen die sublimste Form des Handels geworden zu sein, ein halbes Jahr nach der Währungsreform, von der man prophezeite, sie würde dem schwarzen Markt das Genick brechen.

Dies geschah fünfundzwanzig Kilometer südlich Kölns, vor den Toren des größten europäischen Braunkohlengebietes.

(1949)

Ein Schuß peitscht über das Hohe Venn

Das Hohe Venn ist das Revier der großen Heimlichkeiten. Hat eben ein Hirsch geröhrt, eine Wildsau gegrunzt? Strich dort eine Bekassine ab oder ein Haseloder Birkhuhn? War das ein streunender Köter? Wer will es sagen, ob es hier den heimlichen Bock noch gibt? Nur der Forstmeister kann es sagen und die paar Holzarbeiter und Bauern, die ungefragt nicht reden. Lautlos fallen Krähen von dem einen Wald in den anderen, und wenn sie schreien, dann ist es Mißmut und Argwohn.

Die langen Finger der beiden Scheinwerfer laufen die Vennstraße entlang, die acht Kilometer durch belgisches Gebiet führt. Hinauf und hinab laufen die beiden Finger. Kurve rechts, Kurve links. Der Schlagbaum der Grenze. »Ah, Herr Forstmeister!« sagt der Zöllner. »Auf Sauen!« Ja, auf Sauen. »Waidmannsheil!«

Ein nächtlicher Ansitz ist ein erregendes Abenteuer. Das Fernglas geht ab und zu den Hang hinauf, den Hang hinunter. Zu hören ist nichts, denn der Wind spektakelt. Der Forstmeister hält den Karabiner auf seinen Knien. Er hat Sauen in Polen, einen Bären vor Tuapse im Kaukasus geschossen, falls es kein Jägerlatein ist. Die Welt ist weit, die Welt ist schön. Auch die Nacht im einsamen Venn ist schön.

Es kriecht kalt die Beine hoch. Nach zwei Stunden

kommt es, trippelnd und behende, über den Stoppelacker, die Bache, vier Frischlinge und als Nachhut der Familie Majestät, der Keiler. Wir sehen es deutlich. Der Mond tut seine Pflicht und die Wolken ebenfalls. Das Sau-Ehepaar und seine Kinder spielen ein wenig Nachlaufen. Das Spiel des Lebens sieht sich heiter an, heißt es schon bei Schiller. Auch bei den Sauen. Aber im Gebüsch sitzen wir. Im Gebüsch sitzt der Mensch mit dem Schießeisen. Der Forstmeister visiert den Keiler durchs Zielfernrohr an. Es sind erregende Sekunden. Dann peitscht der Schuß über das Hohe Venn, und es ist sicher, daß der Forstmeister vorher Zielwasser getrunken haben muß. Der Keiler bleibt nämlich im Feuer liegen, kämpft noch einen kurzen Todeskampf, und dann geht er ein in Walhall.

Noch eine Stunde sitzen wir, dann fragt der Forstmeister, ob es genüge. »Ja«, sagte ich. Und nun sehen wir, beim Mondschein, daß der Keiler die kapitalste Sache ist, die nach dem Kriege im Hohen Venn erlegt wurde. Es ist das vierzigste Stück Schwarzwild, das der Forstmeister seit 1947 geschossen hat. Ich breche einen grünen Bruch, ziehe ihn durch den Schweiß des Keilers und stecke ihn an den Waidmannshut. Aber den Waidmann interessieren die »Gewehre« des Keilers mehr als die formidablen dreieinhalb Zentner, die wir nur mit Hilfe eines aus seinen Schäferkarren-Träumen herausgetrommelten Schäfers in des Forstmeisters Wagen bekommen.

Im Hohen Venn jault und jagt die mitternächtige Windsbraut über das Land. Welke Blätter wirbeln. Die Ebereschen biegen sich unter der Gewalt der Winde. Wieder der Schlagbaum. Ein halbes Dutzend Zöllner kriechen aus ihrer Baracke. Den müssen sie sehen, diesen Keiler. Vielleicht ist es der, der einen von ihnen kürzlich am hellichten Tage auf offener Landstraße vom Rade geworfen hat. Der Reihe nach sagen sie dann, die Zollgrenzschutzwacht- und -oberwachtmeister: »Donnerwetter, Herr Forstmeister, das ist aber ein Apparat! Wollen Sie den allein essen?«

Im alten Kloster Reichenstein bei Monschau, einen halben Kilometer von der belgischen Grenze entfernt, wohnt der ehemals großherzoglich-mecklenburgische Forstmeister Freiherr von Stenglin. Es ist interessant genug, was er um vier Uhr morgens beim Tee in seiner alten klösterlichen Eremitage erzählt (das Zielwasser war leider ausgegangen). Das Schwarzwild hat sich im Hohen Venn und in der Eifel (und nicht nur da) seit dem Kriege derart vermehrt und hat derartige Schäden in der Landwirtschaft verursacht, daß es höchste Zeit wird, allen deutschen Waidmännern wieder ihre Gewehre auszuhändigen. Die Wildschäden, der Ausfall an Hack- und Körnerfrucht, sind enorm. Der Keiler, der in dieser Herbstnacht in Walhall einzog, hatte fünf Kilo Haferfrucht im Magen. Das ist die Menge, die er an einem einzigen Tage frißt. Läßt sich ausrechnen, wieviel zwanzigtausend Sauen, die in der Eifel und im Venn festgestellt wurden, allein an einem Tage fressen können. Sehr schwer ist diese Rechnung nicht.

(1949)

In Westdeutschlands »Roter Zone«

Das isolierte Land

Wer wird etwas gegen das Moseltalbähnchen sagen wollen, das bald ein halbes Jahrhundert alt wird, vor dem Ersten Weltkrieg die schmückende bacchantische Etikettierung »Saufbähnchen« bekam und noch immer mit geradezu aufregender Gelassenheit seine Fracht gen Trier trägt! Das Bähnchen hat in den Nachkriegsjahren, als durch die vielen Brückensprengungen der Verkehr seines großen Bruders, der Reichsbahn, völlig lahmgelegt war, wacker seine Pflicht getan. Rund vierzig Kilometer ist die Luftlinie von Bullay bis Trier, hundertdrei Kilometer aber der Schienenweg dieses Bähnchens für dieselbe Strecke. Getreulich macht es jede Windung, jeden Knick und jede Kehre der Mosel mit.

Das Trierer Land wird markant von der Mosel durchflossen, genauer: der Regierungsbezirk Trier. Er ist in seinem Kern eine Fortsetzung des alten geistlichen Kurfürstentums Trier. Eifel und Hunsrück geben dem Land den Charakter der weiten Mittelgebirgsfluchten. Hochwald und Idarwald bilden die Wasserscheide.

Es ist ein sehr armes und gequältes Land, jetzt auch vereinsamt, isoliert und verlassen, und das Gefühl der Verlassenheit haben seine fast vierhunderttausend Einwohner nicht erst dann, wenn die Minister ihres Duodez-Ländchens nach einer gelegentlichen Inspektion wieder gen Koblenz fahren, schöne Sprüche, aber keine ernsthafte Hilfe hinterlassen, weil auch ihnen die Hände gebunden sind.

Viel Elend

Die Höhenzüge liegen schon unterm Rauhreif des Winters, wenn im Tal der Mosel noch die Spätlese der Reben im Gange ist. Auch die erste Schneedecke hat sich schon auf die Kuppen gelegt, wenn sie in den tiefer gelegenen Landstrichen zum Teil die Runkel- und Zuckerrüben noch in der Erbe haben. Aber der Rauhreif mag hier auch bildlich verstanden werden. Schon vor mehr als zehn Jahren, als in die stille Einsamkeit das jähe Getöse der Zement- und Baggermaschine und Hunderttausender »Westwall«-Arbeiter drang, legte er sich wie ein dramatischer Auftakt über das Land. Schon damals kamen Unbehagen und Angst hier über das Volk, und »der Wall der Herzen und Hirne«, den sie wie ein Querriegel an die Grenze bauten, war für sie kein Anlaß vaterländischer Entzückung.

Nicht nur die OT, sondern auch die Generalstäbler nahmen sich damals des Grenzlandes an, und der Längsstreifen, den sie mit roter Farbe in ihren Karten markierten, hieß folgerichtig »Rote Zone«; dahinter kam die »Rosa Zone«. Die »Rote Zone« hatte alle Unbill der Requirierung, Enteignung und Evakuierung zu ertragen, und heute haben Bevölkerung und Behörden jenen Ausdruck noch nicht aufgegeben. Rote Zone, das heißt: Notstandsgebiet, Elend, stummer Protest. Es bedarf nicht des bergenden Schattens eines winterlichen grauen Tages, um das Elend des Landes zu verdecken. Geflickt ist schon manches Haus, aber es ist Behelf in des Wortes dürftigstem Sinn.

Dorf und ländliche Kleinstadt überwiegen im Trierer Land. Die Stadt Trier mit vor dem Kriege 83000, jetzt 70000 Einwohnern ist das kulturelle, wirtschaftliche, verkehrspolitische und aktuelle Zentrum. Es ist eine verblaßte Stadt, stranguliert, deprimiert, Provinz; und die Überbleibsel seiner zweitausendjährigen Geschichte sind heute nicht viel mehr als Kulisse. Trier ist wie ein Lebewesen, dem ein Unsichtbares, wenn das Bild erlaubt ist, die Gurgel zudrückt. Nicht die Bomben sind so sehr schuld, sondern mehr die Zwangsläufigkeit der Entwicklung. Das Tor zum Westen ist auf beispielhafte Weise verrammelt. Es müßte eine tiefgreifende moralische Wohltat für das Land sein, würden eines Tages die Schlagbäume zum westlichen Nachbarn geöffnet.

Zu wenig Leute

Eines wirkt ins andere. Auch den Kreisstädtchen im Trierer Land – Wittlich (7300 Einwohner), Bernkastel-Kues (5300), Bitburg (4100), Saarburg (3700), Daun (2100), Prüm (2000) – tun die Bedrängnisse der Zeit und die Isolierung viel Abbruch. Sechsundsechzig Prozent aller Gemeinden haben unter 300, zwanzig Prozent sogar unter 200 Einwohner. In welchem Zustand die Administration des Landes steckt, die doch einigermaßen funktionieren müßte, mag daraus ersichtlich sein, daß zahlreiche Amtsbürgermeisterstellen seit langem verwaist sind, weil man keine geeigneten Leute für diese Posten findet. Nur eine einzige Kreisverwaltung hat einen juristischen Assessor. In einem anderen Kreis haben von 52 Ortsbürgermeistern nur 16 Telefonanschluß. Die Lähmung des kommunalen Lebens, das vielfache Versagen der unteren Behörden, ist in manchen Orten ein ständiger Zustand. Wie sich das auf die Bevölkerung und auf die Dauer auswirkt, braucht nicht gesagt zu werden. Dieser Zustand bereitet den Aufsichtsbehörden nicht wenig Kopfschmerzen.

Die soziale Struktur des Landes ist vorwiegend durch den bäuerlichen Kleinbesitz mit mageren, wenig fruchtbaren Böden gekennzeichnet, dessen Bodengüten zwischen 15 bis 90 vom Hundert betragen. Der schlechteste Boden ist im Hochwald, der bessere der Kalkboden des Bitburger Landes und des »Gaues« im Kreise Saarburg. 55 vom Hundert der Gesamtfläche ist landwirtschaftlich, 37 vom Hundert forstwirtschaftlich genutzt, wobei am Rande vermerkt sei, daß in den Wäldern seit langer Zeit die Äxte widerhallen und die Motorsägen kreischen. Überragend ist wirtschaftlich die Bedeutung des Weinbaues mit 5900 Hektar Weinbergen an Mosel, Saar und Ruwer. Während an der Obermosel meist Konsumweine wachsen, liefert die Mittelmosel weltbekannte Kreszenzen.

Luxemburger Gebietsforderung

Unmittelbarer Nachbar des Trierer Landes ist das Großherzogtum Luxemburg. Seine (aber auch Belgiens und Hollands) Forderungen auf Abtretung deutschen Gebietes haben nach Kriegsende, auch besonders in diesen Tagen ,nicht nur in den Grenzgebieten Aufregung und Bestürzung genug gebracht, und sie erfuhren noch eine besondere Verstärkung, als noch im Jahre 1948 die unter dem Namen »Letzeburger Union« bekannte Luxemburger Widerstandsbewegung eifernd Forderungen erhob, die weit über die Luxemburger Regierungsforderungen hinaus, nämlich bis weit in die Eifel gingen. Aber auch die offiziellen Ansprüche, die 1946 in einem Memorandum formuliert wurden, waren von mehr als fragwürdiger Art. Jenes Memorandum wartete mit mehr als fadenscheinigen historischen Darstellungen auf, und es schien, um ein geflügeltes Wort zu gebrauchen, just die Art zu sein, wie man Geschichte schreibt. Man sprach von Rückgabe und meinte Annexion. Als dann sogar in Luxemburg offizielle Stellen laut wurden, die nicht die Bevölkerung, sondern nur das Gebiet kassieren, die Menschen aber nach Deutschland abschieben wollten, war das Exempel einer zwar neuartigen, aber doch barbarischen Form der Menschenvertreibung um einen Vorschlag vermehrt. Diese Forderung fand freilich bei den meisten Luxemburgern keine Zustimmung, sondern fast einhellige Ablehnung.

Die offiziellen Luxemburger Gebietsforderungen belaufen sich auf ein Gebiet von 508 Quadratkilometern, was einer Fläche von 10,4 Prozent des Regierungsbezirks Trier gleichkommt oder mit 28447 Einwohnern 7,4 Prozent der Einwohnerzahl. Die bisherige Grenze, seit der Wiener Kongreßakte bestehend, wird fast in ihrer gesamten Länge durch die Mosel und deren Nebenflüsse Sauer und Our gebildet. Das geforderte Gebiet hat eine Tiefe von zwei Kilometern (im Landkreis Trier) bis elf Kilometer (bei Vianden-Neuerburg). Die industrielle Bedeutung des Gebietes ist gering, die land- und forstwirtschaftliche um so größer. Der Besitz der Eisenbahn auf dem deutschen Moselufer ist eine der Hauptforderungen Luxemburgs, der Bau einer Ourtalsperre die andere.

Keine Sehnsucht zum Paradies

Handel und Wandel waren im Grenzgebiet früher sehr lebhaft, der kleine Grenzverkehr sehr rege, und die Luxemburger Bauern mit ihren hochwertigen Produkten (Butter, Rahm, Käse, Eier) gehörten zum Bild des Trierer Wochenmarktes wie die alte Ratsherrenschenke »Zur Steipe«. Auch in den anderen kleinen deutschen Grenzstädtchen war das Bild nicht anders. Daraus politische Forderungen zu ziehen, blieb jener Denkschrift vorbehalten. Grotesk mutete die Behauptung an, die Menschen des geforderten Gebietes sprächen »luxemburgisch«. Keinen einzigen gibt es indessen, der nicht Deutsch seine Muttersprache nennt. Der moselfränkische Dialekt der deutschen Sprache wird vielmehr über Mosel, Sauer und Our bis tief in das Land Luxemburg und darüber hinaus ins Belgische hinein gesprochen. Volkskundler sprechen diesseits vom »Quartier allemand«, jenseits vom »Quartier wallon«. Über die Sprache hinweg sind auch Lebensweise und -stil und die gesamte geistige Haltung diesseits der Grenzflüsse eindeutig deutsch. Das im Luxemburgischen nicht zu verkennende französisch-wallonische Element ist über die Grenze nie wirksam geworden.

Luxemburg ist, von deutscher Seite gesehen, zweifellos ein »Paradies«, und es hätte wohl vor zwei Jahren keines großen Kunststückes bedurft, viele zu »Speck-Luxemburgern« zu machen, wie es an einer anderen Landesgrenze dargetan wurde. Dieses Grenzland um Trier, das völlig zerstört, verwüstet und ruiniert war, dessen Volk wie die ägyptischen Fellachen auf den Trümmern hauste, das innerhalb von sechs Jahren mit Mensch und Vieh mehrmals evakuiert wurde, das Kontributionen durch die Besatzungsbehörden über sich ergehen lassen mußte, keinen Zuspruch und noch viel weniger Hilfe und Unterstützung durch die ohnmächtige deutsche Obrigkeit bekam, hätte sehr schnell »die Treue zum angestammten Vaterland« vergessen können. Es fehlte auch nicht an einer geschickten Flüsterpropaganda, daß man sie in Koblenz bereits »abgeschrieben« habe und dort nichts mehr für sie zu tun gedenke. Erstaunlich genug blieb, daß das »Paradies« kein Echo fand. Es würde wohl heute, nachdem die Währungsreform, die Lockerung der Besatzungspolitik, der Druck der Okkupanten, die Stabilisierung aller Verhältnisse sichtbar eine Besserung gebracht haben, wohl zu einem einmütigen Bekenntnis kommen, wenn das Grenzvolk vor die Alternative gestellt würde.

Auch das Saargebiet übt keine Anziehungskraft mehr aus auf den Süden des im Regierungsbezirk Trier gelegenen Kreises Saarburg. Die Anschlußpropaganda des sogenannten »Christlichen Heimatbundes« ist gänzlich verstummt, nachdem auch die Franzosen deutlich erklärt haben, keinen Wert auf den Kreis Saarburg zu legen. Widersacher des »Heimatbundes« waren alle Parteien einschließlich des Klerus. Die üblen Machenschaften des »Heimatbundes«, der sich durch nächtliche Maueranschläge in unqualifizierbaren, persönlichen Angriffen gegen führende Männer des Kreises erging, gaben den Saaranschlußfreudigen wohl den Rest. Nun ruhen zwar nicht die Wälder um Saarburg, aber die Heimatbündler tun es. Es scheint nicht, als ob auch bei ihnen noch große Neigung zum Anschluß bestünde.

(1949)

Viele Wege führen über die Grenze

Die Frontstadt

Siebenmeilenstiefel braucht man nicht, um von einem Ende zum anderen zu wandern, der Gang ist schnell getan. Fünf Minuten reichen von einem Ende zum anderen. Kopfsteinpflaster, vorgekragte Häuser, oben das alte Schloß und ein noch älterer Wachtturm, das erinnert ein wenig an die Geschichte der Märchendichter. Durch das Gefüge dieser kleinen Stadtsiedlung springt ein Flüßchen, eingefaßt in Mauern, hüpft über einige Untiefen und beeilt sich, zur fernen Talsperre zu ziehen, der es seinen Namen gab. Es kommt als Rinnsal aus Belgien, heißt in Deutschland Rur, in Holland, rund hundert Kilometer nördlich, wo es von der Maas aufgenommen wird, Roer. Die ältere Geschichte des Städtchens ist an den beiden Kirchen, an Profanbauten und an dem Gemäuer abzulesen, die neuere muß man sich erzählen lassen. Wir sprechen von Monschau an der belgischen Grenze, der westlichsten deutschen Kreisstadt, 2500 Einwohner, der kleinsten Kreisstadt des Landes Nordrhein-Westfalen. (In älteren Atlanten findet man den Namen Monschau noch als »Montjoie«. Die Verdeutschung dieses vermutlich aus dem Lateinischen kommenden Namens geschah erst in diesem Jahrhundert.)

Fünf Monate lang, von September 1944 bis Februar 1945, saßen die Soldaten Pattons, der amerikanischen

Ersten Armee, im Städtchen und kamen nicht weiter. Selbst auf der westlichen Höhe, am sogenannten Haller, nur einen Steinwurf weit von der Stadt entfernt, hatten sich den ganzen Winter über noch einzelne deutsche MG-Nester verschanzt. Monschau war Frontstadt.

Bei Monschau stagnierte der Krieg, er trat auf der Stelle, während sich nördlich im Hürtgenwald, den die Deutschen Toten-, die Amerikaner Teufelswald nannten, die Gegner eine mörderische Schlacht lieferten, die dreißigtausend Soldaten, je fünfzehntausend Deutschen und Amerikanern, das Leben kostete. Das Dorf Vossenack im Kreise Monschau wechselte achtundzwanzigmal den Besitzer. Von Trier bis zum Niederrhein gab es keine Stadt, kein Städtchen und kein Dorf, die nicht geschüttelt, gesiebt, zerschossen und zerbombt worden wären. Monschau blieb erhalten, von ganz wenigen Kratzern abgesehen. Die Monschauer sagen noch heute: Es war ein Wunder.

Der »Westwall«

Ein amerikanischer Kriegsberichterstatter sah in der Landschaft um Monschau vor etwas mehr als vier Jahren nur »einige Holzfällerhütten, zwischen Bäumen versteckt, wie sie in alten germanischen Feenerzählungen beschrieben werden«. Die Siedlung hier ist eine Mischung von regellosen Haufen- und Straßendörfern mit kleinbürgerlichen Betrieben, aufgesplittertem Besitz und kargem Boden. Die Armut hat in jedem Hause Wohnrecht. In diesem Land wurde 1937 bis 1939 jener neuartige Limes gebaut, dem der Superlativ »grandios« beigegeben wurde, Tausende von Zementbunkern, im Kreise Monschau allein insgesamt neunzig Kilometer dreifach gestaffelte Höckerlinie, Dorn und Stachel gleichermaßen, signalisierten: Hier entsteht der »Westwall«. Wie aufgebrochene Eiterbeulen stehen die gesprengten Bunker jetzt im Land. Aber den Höckern ist man einstweilen ratlos gegenüber. Kann man sie überhaupt sprengen? Ein merkwürdiges Idyll, wenn sommertags das Vieh zwischen den Hökkern weidet.

Abgesehen von einigen Bezirken im Hürtgenwald ist die Entminung fast überall abgeschlossen. Die sogenannten Dienstgruppen, deutsche Kriegsgefangene, die diese Minenräumkommandos stellten (sie nannten sich nicht umsonst »Himmelfahrtskommandos«), haben viele hunderttausend Minen beseitigt. Sechsunddreißig dieser Männer liegen auf dem Friedhof in Monschau beerdigt. Sie wurden ein Opfer dieser heimtückischen Topf-, Teller- und Glasminen, der »Mausefallen«, Spreng-, Schützen-, Stock- und Riegelminen, diesen Ausgeburten der raffiniertesten Kriegstechnik. Auch manchen Bauern, manches Kind und manches Stück Vieh beförderten die Minen noch ins Jenseits. Hier hatte das Wort von der verbrannten Erde eine beispielhafte Illustration erfahren. Erinnern wir uns noch der kurzen Formel des Oberkommandos der Wehrmacht: Im Hürtgenwald, nördlich Monschau, wird erbittert gekämpft? Immer noch finden Waldarbeiter die armseligen Knochenreste einzelner Soldaten, verrostete Ausrüstungsgegenstände. Der Forstmeister hebt im tiefen Wald ein Koppelschloß auf und übergibt es einem wortlos. »Gott mit uns« ist darauf zu lesen.

Wer jetzt, vier Jahre danach, durch das Land fährt, entweder mit dem Reichsbahn-Autobus von Aachen nach Monschau oder mit dem Bus der Reichspost von Düren nach Monschau, ist überrascht. Die »Optik« des Wiederaufbaues gehört zu den erregendsten Erlebnissen dieser Grenzlandfahrt. Von allen Hügeln, aus allen Tälern leuchten die roten, neuen Dächer ganzer Dörfer. Ein großes Rechenexemplar ist das freilich nicht. Der Oberkreisdirektor Nickels in Monschau sagt mir: Wir haben die Nachkriegsjahre hindurch beide Augen zugedrückt. Selbstverständlich wußten wir, woher die Ziegelsteine, die Dachpfannen, das Vieh kamen. Aber wenn sich diese kleinen Bauern nicht selbst geholfen hätten, wer hätte es sonst getan? Dieses zerfetzte, zerrissene, verwüstete Land, dieses Land voller Schutt und Asche, in dem das Elend und der Jammer hausten, mußte sich selbst helfen. Über diesen Jahren stehen zwei Worte: das eine überall, das andere in den Grenzdörfern: Kompensation und Schmuggel. Die Leute kennen Shakespeare nicht, aber sein Wort kennen sie: Die Not bringt einen zu seltsamen Schlafgesellen.

Der Schmuggel

Viele Wege führen nach Rom, sagt ein geflügeltes Wort; aber viele auch nach Belgien, sagen die, die in den Grenzdörfern wohnen. Es sind nicht die großen Überlandwege zum belgischen Nachbarn, die großen Straßen und Schienenstränge, die für uns Deutsche ohnehin nur einen fragwürdigen Wert haben, sondern die unausgetretenen Pfade der Schmuggler, die heimlichen Pfade durch Bezirke, die so schön romantisch die grüne Grenze genannt werden. Es gehört zum Stolz der Zünftigen, den Zöllnern ein Schnippchen zu schlagen. Diese Zünftigen haben die Nase der Trapper, den Instinkt alter Waldläufer. Sie wissen um ihre Gewohnheiten und Dienstpläne, sie kennen auch, verzeiht, Carmens Gesang: Ja-a, die Zöllner sind auch Sünder! (Durch Erfahrung gewitzigt, erklärt der Berichterstatter, daß er mit dieser Bemerkung nicht die Gesamtfachschaft »Zollgrenzschutz« gemeint hat. Er möchte das sagen, vorsichtshalber.) Der Wege nach Belgien, nach Eupen, Malmedy, Verviers, Sourbrodt, aber auch zu den kleinen namenlosen Dörfern sind ungezählte. Und obenan beim Schmuggel steht: Kaffee! Kaffee am Tage und Kaffee bei Nacht, Kaffee kiloweise und Kaffee sackweise. Unsichtbare Fäden gehen hinüber und herüber. Zu mancher Nachkriegs-Kriminal-Reportage haben die Ereignisse an der belgischen Grenze schon herhalten müssen. An keiner deutschen Landesgrenze ist der Schmuggel so massiert wie hier. Die vorjährige Währungsreform brachte zwar zunächst einen rapiden Rückgang des Schmuggels, aber schon nach einigen Wochen hatte der organisierte Schmuggel wieder seinen alten Umfang erreicht. Die Großschmuggler, die hauptsächlich in Aachen, Eschweiler, Stolberg, Düren und Köln bis zum Ruhrgebiet ihren Sitz haben, hatten den Schock schnell überwunden, und schnell war auch der Bandenschmuggel wieder da. Ein trauriges Nachkriegskapitel ist der Schmuggel durch Kinder. Sieben- bis Achtjährige wurden schon aufgegriffen, und die Kreisfürsorgerin beim Landratsamt in Monschau erzählt mir zahlreiche solcher Fälle.

Eng beieinandergekuschelt, in der Hut der Burg und des »Haller«, ein merkwürdiges Beieinander von Weltverlorenheit, Ruhe und Geborgenheit, liegen die Häuser des Kreisstädtchens im engen Talkessel. Ein paar Fahnen der belgischen Armee hängen da und dort, ein paar belgische Offiziere und Soldaten oder ihre Frauen tun ihre Gänge. Das Bild hat nichts Aufregendes. Aber in diesen Tagen leben die Monschauer in einem verständlichen Unbehagen: Die sogenannten Grenzberichtigungen werden diskutiert. Sie werden im ganzen Kreise, in den kleinen Venndörfern, in den Ruinendörfern im Hürtgenwald und am Kermeter diskutiert. Sie haben von den wohltuenden Worten ihres Ministerpräsidenten Arnold in Düsseldorf gehört, aber sie wußten auch, daß eine für Sonntag, den 30. Januar 1949, im Monschauer Lichtspieltheater angesetzte öffentliche Kundgebung, auf der der Chefredakteur der »Aachener Nachrichten«, Hermann Schäfer, sprechen sollte, von der Militärregierung beanstandet worden war. Nicht des Datums, des 30. Januar wegen, sondern wegen des Themas, das nicht anders lautete als: »Monschau und die Weltpolitik«. Die Aachener britische Militärregierung hatte zwei Tage vorher Schäfer nahegelegt, von dem Thema Abstand zu nehmen. Die »Aachener Nachrichten« stehen der Sozialdemokratischen Partei Deutschlands nahe, und es ist jene Zeitung, die 1945 als erste deutsche Zeitung überhaupt lizenziert wurde und deren Aussage hier im Grenzland einiges Gewicht hat. Schäfer hatte schon vorher mit einer belgischen Grenzlandzeitung aus Eupen ein wenig polemisiert und einen Artikel mit »Noch ist Monschau nicht verloren« überschrieben. Die Monschauer Weltpolitik fiel also ins Wasser. Jetzt diskutieren sie zu Hause, denn die Dinge sind schwerwiegend genug, um die es geht: Werden sie belgisch?

Groteske Verhältnisse

Das Verhältnis zu den Belgiern war, so erfährt man aus Monschau, zu allen Zeiten gut. Das Grenzgebiet diesseits und jenseits der Schlagbäume war nicht nur allzeit wirtschaftlich eng verflochten, auch politisch und kulturell hatte es viel Gemeinsames. Besonders auch der verwandtschaftlichen Beziehungen waren ungezählte, schon immer heiratete man hinüber und herüber, und schon immer gingen viele nach hüben und drüben arbeiten. Der kleine Grenzverkehr war sehr rege.

Der Friedensvertrag nach dem Ersten Weltkriege schuf hier die kuriosesten Grenzverhältnisse. Damals mußten 55,32 Quadratkilometer deutsches Land abgetreten werden. Die staatlichen Hoheitsrechte waren geradezu grotesk. Die Provinzstraße Aachen–Monschau führt kilometerweit durch belgisches Gebiet, ist aber deutscher Besitz und untersteht staatsrechtlich deutscher Hoheit. Schlagbäume, Zöllnerhäuschen und Patrouillen deutscher Zöllner sorgen dafür, daß man nicht rechts und links die Fahrbahn verläßt und damit in Belgien ist. Umgekehrt ist die sogenannte Vennbahn eine zweigleisige, 1883 von Deutschland gebaute Eisenbahn, die Aachen (Kornelimünster – Walheim – Raeren – Roetgen – Monschau – Kalterherberg – St. Vith) mit Eupen verbindet, nach dem Ersten Weltkrieg in den Besitz Belgiens übergegangen. Sie überquert, viele Schleifen ziehend, das Hochplateau des unwirtlichen Hohen Venns und war Zubringer des bekannten Truppenübungsplatzes aus der Kaiserzeit, Elsenborn. Den schuf Gott in seinem Zorn, wie die alten Leute hier sagen, nicht nur des Reimes wegen. Die Bahnhöfe zahlreicher deutscher Orte (so Roetgen, Lammersdorf, Konzen, Monschau und Kalterherberg) sind belgisches Hoheitsgebiet. Sobald man also die Stufen des belgischen Bahnhofsgebäudes verläßt, ist man in Deutschland, in einem Bahnhof führt die Grenze genau durch den Wartesaal. Der Mann hinterm Büfett, der auf deutschem Boden steht, schenkt dem Gast, der auf belgischem Boden steht, einen Schnaps ein, ohne Skrupel über die geheiligten Grenzen zweier Nationen.

Was soll jetzt »reguliert« werden?

Niemand in den Grenzdörfern kennt genau die neuen Forderungen Belgiens. Man kombiniert und rät, und auch das Gerücht spielt eine Rolle. Daß die Belgier das westlich der Vennbahn gelegene Gebiet vereinnahmen wollen, ist sicher. Aber wollen sie nicht auch die Rurtalsperre, Schwammenauel und die Urfttalsperre, in der sich die heil gebliebene Hitlersche »Ordensburg« Vogelsang spiegelt? Ist nicht schon seit langem die »Ordensburg« belgische Kaserne und das Gelände rundum Truppenübungsplatz? Niemand von den Grenzbewohnern weiß es; auch nicht der Landrat und der Oberkreisdirektor. Daß sie deutsch bleiben wollen ist keine Frage. Eine heimliche Unterschriftensammlung, die vor mehr als einem Jahr ein Monschauer Arzt und ein Friseur in Szene setzten, die sich für einen Anschluß nach Belgien ausgesprochen haben sollen, blieb nicht mehr als eine Episode in dieser verworrenen und vom Elend gekennzeichneten Zeit. Das Konspirieren dieser Leute mit belgischen Kammerabgeordneten war Gerücht, blieb aber unbewiesen. Das Gerücht hat auch mehrmals den belgischen Außenminister Spaak in Monschau gesehen, den Prinzregenten, der die Monschauer Garnison inspizierte, nicht zu vergessen.

Ich fragte den Oberkreisdirektor Nickels, wieviel Prozent der Bewohner nach seiner Meinung mit einem Anschluß nach Belgien sympathisierten. Ein Prozent sagte er, mehr auf keinen Fall.

(1949)

Unsere kleine Stadt

In der »Provinz«

Sie ist das, was man geringschätzig – mit einem Unterton von Bedauern und Ablehnung – »Provinz« nennt. Das Idealbild einer »romantischen« Kleinstadt ist sie nicht. Unsere kleine Stadt ist alt, älter als viele Großstädte. Wer sie allerdings mit dem Dichterwort apostrophieren wollte, daß holder Friede und süße Eintracht hier weilten, irrte ein wenig.

Sie liegt im Bannkreis des »Reviers«, des Ruhrgebietes oder, wie sie hier sagen, des »Kohlenpotts«. Sie gehört, vom Geographischen und Wirtschaftlichen her gesehen, zum Bergischen Land. Früher zählte sie achttausend, jetzt über zehntausend »Seelen«, wie die Lokalberichterstatter die »Einwohner« poetisch umschreiben, wenn sie die monatliche »Bevölkerungsbewegung« in ihr Blatt bringen. Zahlreich sind die politischen, wirtschaftlichen, sozialen und sittlichen Elemente, die das Leben in Bewegung halten. Da sie eine Mischung von Industrie- und Landstädtchen ist, gibt es hier viele Arbeiter, aber es gibt keine Proletarier, nicht einen einzigen. Auch die Arbeiter sind Kleinbürger mit allem Zubehör, viele mit eigenem Häuschen, mit Ziege oder Schaf, Karnickel und zwei oder drei Hühnern, im Vorgärtchen Blumen, die etwas von der inneren Verfassung der Leute verraten, in der Stube ein Vertiko, im Schlafzimmer der »Elfenreigen«.

Vor 25 Jahren sah das politische Bild so aus: Im Stadtrat saßen zehn Stadtverordnete der KPD, fünf Zentrum, vier »Bürgerliche Einheitsliste«, drei Sparerpartei, zwei SPD, also, wenn man will, zwölf »Rechte« und zwölf »Linke«. Heute besteht die Gemeindevertretung aus fünf SPD, vier FPD, vier CDU, zwei KPD. Vor 25 Jahren hatten sie zwei Polizisten und zwei Langjäger, heute haben sie achtzehn Polizisten, die wohl beweisen, daß des Lebens Unverstand nicht nur mit Wehmut, sondern auch mit einem Packen Polizeivorschriften genossen werden muß.

Wirtschaftliches und Menschliches

Das Städtchen, hohe Kamine deuten es an, beherbergt eine Anzahl Fabriken, etliche mit einigen hundert Arbeitern. Viele fahren nach auswärts zur Arbeit. Das Städtchen liegt an einer Haupteisenbahnstrecke. Ferner an einem Fluß. Täglich halten zwölf in der einen, dreizehn in der anderen Richtung. Mehrere Omnibuslinien mit modernen Wagen tun ein übriges, um das, was hohe Stellen Fluktuation des Verkehrs nennen, zu betreiben.

Die kleine Stadt hat ein seltenes Kapital, aus dem sie manche Zinsen zieht: 65000 Obstbäume. Diese Obstbäume spenden, wenn es an der Zeit ist, nicht nur Kirschen, Pfirsiche, »Schöner von Boskoop«, »Goldreinette«, »Gute Luise« und »Köstliche von Charneux«, sondern auch – in diesem Betracht hat sich der Verkehrsverein der Sache angenommen – in jedem Frühjahr Milliarden Blüten. Früher hatte sich das Städtchen in seinem Werbeprospekt den Superlativ »Paradies« zugelegt, später ließ es sich gerne »rheinisches Werder« nennen; in den zwanziger Jahren aber, als ein sehr tüchtiger Bürgermeister ins Rathaus einzog, reklamierte er die Blütenpracht für den Fremdenverkehr. Im Frühling nannte es sich »Blütenstadt«, im Herbst »Bergische Obstkammer«. So bliesen sie weit hörbar die Fremdenverkehrs-Fanfare, und noch heute, fast ein Vierteljahrhundert später, ziehen das Städtchen daraus ideellen, drei Dutzend Wirte materiellen Gewinn. Bis in den letzten Winkel des Ruhrgebietes kennt man die »Blütenstadt«. Der Stadtdirektor sagt: »Was meinen Sie, wieviel Besuche und Ortstermine von den hohen Herren der Regierung angesagt werden, wenn das Obst reif ist?«

Im Städtchen wohnt das Menschliche. Früher kannte jeder jeden und alle alle. Das ist heute, nachdem rund eineinhalbtausend Ostvertriebene hier Einzug hielten und der Krieg einiges in der Bevölkerungszusammensetzung umkrempelte und eine leicht soziale Einebnung vornahm, nicht mehr ganz so. Der Alltag kennt viel Klatsch und Tratsch, und das Sittengesetz, das die Menschen im Busen tragen, so wird behauptet, ist oft mehr Anlaß zu übler Nachrede als zur Selbstbetrachtung und Selbsterkenntnis. Auch Mißgunst, Neid und Kabale treten in einer Aura unbestimmter Herkunft auf. Aber, nicht wahr, das trifft in allen kleinen Städten zu.

In der kleinen Stadt steckt, bei aller summarisch-kleinlichen und häßlichen Art, auch viel Positives. Der Wert des Überkommenen, der Tradition, die Gewißheit der Ruhe und Beständigkeit und der ausgeglichenen und konsolidierten Verhältnisse, auch der echten Freund- und Nachbarschaften, zählen dazu. Wenn auch der Selbstmörder nur fünf Druckzeilen auf der Lokalseite der Zeitungen bekommt, der Fußballklub, zu dessen Spielplatz sie sonntags in Massen ziehen, bekommt das Vielfache an Zeilen. »König Leder« ist, wie überall, ein Stimulans für das ganze Städtchen und sein Toto ein eindeutig belebendes Element. Auch eine Traumfabrik haben sie selbstverständlich, ein Kino, jede Vorstellung ausverkauft. Sie haben »bessere«, »gebildete« Kreise, wobei diese Dinge von alters her auf das Konto Geld und Besitz zu buchen sind. Das Städtchen hat nicht, wie früher. eine Lokalzeitung, aber vier Kopfblätter von Provinzzeitungen aus der Großstadt. Nebst dem Rundfunk versorgen sie das Städtchen mit geistiger Kost. Ein erster Zeitungskiosk mitten im Städtchen mit der ganzen Buntheit unserer heutigen Publizistik (und Titelseiten-Erotik) ist sein Stolz, ferner (daneben) zwei heftig konkurrierende Blumenläden und eine Normaluhr mit beachtlichen Reklameschildern, das neue Zeitalter darstellend oder das, was sie dafür halten, obwohl die nahe, weithin leuchtende Kirchenuhr schon seit Jahrzehnten treu und brav ihre Pflicht tut.

Die Problematik der Zeit

Rund ums Städtchen liegen ein paar »Rittergüter«, generationenlang schon von tüchtigen, braven Bauern bewirtschaftet, aber Eigentümer sind weit entfernt wohnende Grafen mit viel Grund und Boden – Mirbach-Harff und Westerholt-Gysenberg heißen sie –, die wahrscheinlich voller Besorgnis ihre Blicke auf den Düsseldorfer Landtag richten, wenn dort eine gewisse Sache zur Beratung steht. Die Raubritterburg hockt auch noch über dem Fluß, träumend in den Tag wie ein alter Landsknecht a.D. In diese Burg wird in Kürze ein Maler einziehen, ein, wie der Stadtdirektor sagt, gewisser Werner Peiner. »Kennen Sie ihn nicht?« sagt der Stadtdirektor. »Er ist sehr berühmt, sogar Professor.«

Ach ja, sogar Professor! Diese kleine Stadt ist eine Stadt der Radikalität. Die kleine Stadt ist, trotz Mißgunst und Kabale, eine zuweilen heitere, in vieler Hinsicht sogar ausgeprägt liebenswürdige Stadt und – insgesamt – eine gute, runde Sache. Das Unproblematische macht sie reizend und liebenswert. Ihr Name ist, um ihn nicht zu verschweigen: Leichlingen, sie liegt im Rhein-Wupper-Kreis an der Eisenbahnstrecke Köln–Wuppertal.

Zu fragen bliebe: Hat die kleine Stadt schlechthin, diese Form der menschlichen Siedlung zwischen Großstadt und Dorf, nicht eine neue Wertzubemessung zu erfahren? Hat sie nicht eine größere Beharrungskraft, ein größeres Gleichgewicht bewiesen als die Großstadt, die in mancherlei Hinsicht viel problematischer geworden ist?

(1949)

Lee Iacocca und Sonny Kleinfield

Mein amerikanischer Traum

384 Seiten plus 16 Seiten Abbildungen, gebunden, Schutzumschlag

»Inzwischen gibt es über Management etwa so viele Bücher wie übers Abspecken.«

Mit solch kontroversen Aussagen ist Lee Iacoccas zweites Buch randvoll gespickt. Was im ersten autobiographisch war, wird jetzt allgemeingültig.

Lee Iacocca äußert sich mit dem Abstand eines Elder Statesman und zugleich mit dem Engagement eines erfolgreichen Konzernbosses zu Themen unserer Zeit: Publicity, Japan, Nation, Staatsdefizit, Wall Street, Busineß.

Es ist die Abrechnung mit den faulen Stellen in Gesellschaft, Politik und Geschäftswechsel; ein Bekenntnis zur Gradlinigkeit.

Keine Frage, auch das zweite Buch von Lee Iacocca wird ein Welterfolg werden. Ein Ratgeber für Politiker oder solche, die es werden wollen, ein Nachschlagewerk für Manager und Studenten der Nationalökonomie. Eine blendend ins Deutsche übersetzte Gedankensammlung eines überaus erfolgreichen Wirtschaftskapitäns der USA. *Kölnische Rundschau*

Kein drittes Buch Iacocca? Nicht nötig! Es ist alles gesagt!
Frankfurter Allgemeine

Lee Iacoccas Weltbestseller »Eine amerikanische Karriere« ist ebenfalls im ECON Verlag erschienen.
416 Seiten plus 8 Seiten Abbildungen, gebunden, Schutzumschlag.